Brenda Kunneman nos recuerda que no importa cuánto ha destrozado el diablo nuestro pasado, Dios tiene un plan para nuestro futuro. Obteniendo un discernimiento del maestro de obras Nehemías, Brenda comparte principios prácticos y espirituales que nos ayudan a volver a encarrilarnos y terminar toda obra que comencemos.

—Joy Strang
CFO, Strang Communications Company

Brenda Kunneman es una voz de mando como una ungida maestra profética. Su libro *Cuando su vida está hecha pedazos* revelará al que destruye nuestras esperanzas y sueños, dará fin al círculo vicioso de la destrucción en su vida, y abrirá nuevas puertas a un yo más brillante. ¡Prepárese para ser transformado!

—Guillermo Maldonado
Pastor principal del Ministerio El Rey Jesús
Miami, Florida

Conozco a Brenda Kunneman, y es una mujer que escucha la voz de Dios. Es predicadora y una profetisa que tiene el don de saber cómo comunicarle a la gente lo que Dios quiere decir. La he visto no sólo comunicándole la voluntad de Dios a su pueblo en general, sino también pronunciando palabras específicas a personas, iglesias y naciones. Estoy seguro de que este libro, *Cuando su vida está hecha pedazos*, deriva del tiempo que Brenda ha dedicado a escuchar a Dios. Léalo y prepárese para levantarse y cumplir los planes que Dios ha diseñado para su vida.

—Dr. Cash E. Luna
Pastor de Casa de Dios
Ciudad de Guatemala, Guatemala

Brenda escribe sobre cada llaga del Cuerpo de Cristo. Su libro presenta una solución bíblica y una unción de poder. Valoré mucho su valentía y sinceridad para ayudarnos a abrir nuestro corazón.

—Dra. Marilyn Hickey
Presidenta, Ministerio Marilyn Hickey
Pastora fundadora del Centro Cristiano Orchard Road

Hay muchos ministerios, ¡pero pocos lugares donde la gente pueda obtener un verdadero *ministerio*! Cuando medito sobre la obra que Brenda Kunneman y su esposo, Hank, realizan para el Señor, ¡oigo las palabras *verdadero ministerio*! Dios le ha otorgado a Brenda un don maravilloso con respecto al Cuerpo de Cristo. Ella tiene un discernimiento profético, un brío de guerra y una carga para los que están hechos pedazos.

Usted no puede darse el lujo de no tener en su biblioteca su nuevo libro, *Cuando su vida está hecha pedazos*.

—KIMBERLY DANIELS
APÓSTOL Y SUPERVISORA,
MINISTERIO INTERNACIONAL KIMBERLY DANIELS
JACKSONVILLE, FLORIDA

Cuando su vida está hecha pedazos

BRENDA KUNNEMAN

CASA
CREACIÓN
A STRANG COMPANY

La mayoría de los productos de Casa Creación están disponibles a un precio con descuento en cantidades de mayoreo para promociones de ventas, ofertas especiales, levantar fondos y atender necesidades educativas. Para más información, escriba a Casa Creación, 600 Rinehart Road, Lake Mary, Florida, 32746; o llame al teléfono (407) 333-7117 en Estados Unidos.

Cuando su vida está hecha pedazos por Brenda Kunneman
Publicado por Casa Creación
Una compañía de Strang Communications
600 Rinehart Road
Lake Mary, Florida 32746
www.casacreacion.com

Originally published in English under the title:
When Your Life Has Been Tampered With © 2008 by
Brenda Kunneman
Published by Charisma House, A Strang Company,
Lake Mary, Florida 32746
All rights reserved.

Traducido y editado por Gisela Sawin Group
Diseño interior por Jeanne Logue
Diseño de portada por Karen Gonsalves

Library of Congress Control Number: 2009921221
ISBN: 978-1-59979-413-6

Impreso en los Estados Unidos de América
10 11 12 13 * 7 6 5 4 3

Este libro está dedicado, en primer lugar, a mi esposo, Hank, y a nuestros dos hijos, Matthew y Jonathan.

También está dedicado a la familia de la iglesia Lord of Hosts Church en Omaha, Nebraska, y a las muchas personas de todo el mundo que se han levantado de situaciones difíciles a través del amor y poder de Dios.

[ÍNDICE]

«[Dios dijo,] Y pondré enemistad entre ti y la mujer, y entre tu simiente y la simiente suya; ésta te herirá en la cabeza, y tú le herirás en el calcañar.»

[GÉNESIS 3:15]

[CAPÍTULO 1]

SUEÑOS DESHECHOS, POLVO y CENIZAS

ENGAÑADO. ESA ERA LA PALABRA QUE ESTABA atorada en la mente de Jeff mientras reflexionaba sobre los eventos de su vida. Había estado viviendo en su propio mundo, y ahora se encontraba acostado en una cama de hospital.

¿Cómo puede ser que esté sucediendo todo esto? Aún cuando sus padres se divorciaron siendo él muy niño, Jeff había sido criado con una gran influencia cristiana en su vida. Pero nada en él podía considerarse muy cristiano. Tenía un buen trabajo, pagaba sus cuentas y siempre trataba de lucir lo mejor posible, pero se encontraba cada vez más a sí mismo involucrado en un estilo de vida mundano.

Como joven adulto, Jeff se sentía cómodo al estar con sus amigos amantes de las fiestas. Luego, comenzó a drogarse con ellos y, al tiempo, a asistir periódicamente a bares para homosexuales. Interiormente, estaba lleno de rechazo, vergüenza y miedo. Algo en este hombre joven «cristiano» estaba yendo terriblemente mal.

No fue hasta que lo golpeó el dolor —un dolor que lo amenazó de muerte— que supo que estaba en una espiral fuera de control. El informe médico decía que Jeff tenía varios coágulos sanguíneos peligrosos en sus pulmones. En el hospital, mientras esperaba a que le dieran analgésicos y anticoagulantes, clamó a Dios. Incluso, le dijo al diablo: «No me importa qué sea lo que me hagas, Satanás, sé que Jesús murió y resucitó». Jeff cree que fue ese el momento en que recibió una verdadera experiencia de salvación que fue más allá del conocimiento mental.

Dios salvó la vida de Jeff de una condición médica grave, y luego de su estadía en el hospital, Jeff comenzó a ir tras las cosas de Dios. Empezó a leer la Biblia, a escuchar radio cristiana y a buscar una buena iglesia en la ciudad en la que vivía.

Pero había un problema: En forma privada, Jeff se encontraba en una prisión de rechazo. El estilo de vida cautivo de su pasado estaba esperando para avanzar nuevamente dentro de él. Comenzó a fumar cigarrillos y a deslizarse en los viejos hábitos. Jeff no quería vivir más de esa manera, pero necesitaba algo que rompiera con ese ciclo en su vida. Luego de repetidos fracasos, comenzó a desarrollar la idea de que uno podía ser cristiano, pero que lucharía para vivir en una real victoria hasta llegar al cielo algún día. Pensaba que sólo tendría que tolerar una vida de pecado y repetidas desilusiones hasta que Cristo regresara. Estaba lleno de culpa y vergüenza por su pasado y, aún siendo cristiano, luchaba por encontrar su propósito en Dios.

Luego, Jeff comenzó a asistir a una iglesia en la que se predicaba cómo se podía vivir en el poder de Dios de una manera muy sobrenatural, y empezó un proceso. Luego de escuchar una prédica llena de poder y oír la palabra profética, pudo ser capaz de enfocar su rostro en una nueva dirección, hacia Dios. Jeff comenzó a darse cuenta de que él *podía* hacer algo con respecto a los horribles demonios y hábitos que destrozaban su vida. No sólo podía hacerlo, ¡debía hacerlo! Esa fue su respuesta.

De repente, comenzó a ponerse de pie y a retomar su vida.

A poco andar, y simplemente para hacer algo, un día intentó volver a los clubes. Pero algo había ocurrido; algo había cambiado. Por primera vez, Jeff se dio cuenta de que no podía estar más en ese lugar. Debía irse. Ya había abandonado el lugar de cautiverio y se encontraba en el camino a un nuevo propósito. Jeff estaba de pie en el poder de Dios y rompió las cadenas del rechazo, el fracaso y el temor. ¿Engañado? Sí. Jeff había sido engañado por el diablo y fue vencido por las circunstancias de su propia vida.

Mi esposo y yo conocemos a Jeff y lo hemos visto caminar

hermosamente con Dios. Hemos visto cómo finalmente se dio cuenta de que su vida se hacía pedazos repetidas veces, pero que él no tenía que vivir de ese modo. Estamos agradecidos de que nuestro ministerio ha tenido una parte de influencia en su vida.

Jeff no es diferente de muchas personas que han luchado a través de las distintas situaciones. Para algunos, son las adicciones y los malos hábitos, y, para otros, el dolor de la desilusión y la tragedia. Aún así, muchos son sólo cautivos de su visión acerca e sí mismos, de sus ingresos económicos o tal vez de la forma en que han sido criados. Algunos cautiverios pueden ser graves, mientras que otros son menos evidentes.

> A veces, se necesita toda una vida para que desaparezcan todas sus defensas antes de darse cuenta que ¡así no es como quiero vivir!

Algunas personas son cautivas de un estilo de vida que es peligroso y desorganizado. Simplemente, no pueden avanzar mucho en la vida, porque nunca parecen hacer cosas simples como encontrar las llaves de su auto por la mañana. ¿Sabía usted que determinados cautiverios son tan cómicos como ese? Por ejemplo, el conducir por años un auto hediondo que se mantiene unido con cinta adhesiva, puede hacer pedazos su confianza en sí mismo. Finalmente, usted llega a pensar que no es digno de nada mejor.

Ante cualquier cosa que use el enemigo para robarle su alegría y vencerlo, sepa esto: ¡Dios quiere darle la capacidad de detener esa interferencia ahora y en el futuro! Cuando está hecho pedazos, tal vez ni siquiera se dé cuenta y se encuentre en medio de un caos. Por supuesto, puede que haya vivido en esa situación durante tanto tiempo que aprendió a sentirse cómodo así.

Cuando algo está *hecho pedazos, es* diferente de algo que descaradamente se rompió para cambiar las cosas. Algo se hace pedazos poco a poco, levantando silenciosamente el cerrojo, entrando por la puerta trasera, hasta que un día usted se despierta y se pregunta a dónde fue a parar su sentido de la seguridad. A veces, se necesita toda una vida para que desaparezcan todas sus defensas antes de darse cuenta que ¡así no es como quiero vivir!

La humanidad cautiva

Génesis 3:15 probablemente haya sido la profecía más crucial e intrigante de la historia humana. Una enunciación sencilla y misteriosa pronunciada desde la boca de Dios resultó ser la declaración final de la guerra que irrumpiera en la lucha interna que existe en todo corazón humano: La lucha del hombre que pelea su escapatoria de las circunstancias desesperadas y de una espiral fuera de control. El versículo dice:

«Y pondré enemistad entre ti y la mujer, y entre tu simiente y la simiente suya; ésta te herirá en la cabeza, y tú le herirás en el calcañar».

Dios osadamente le dio esta profecía a la serpiente que se abrió camino al huerto y despojó a Adán y Eva de sus sueños. Seguramente, en ese momento, Adán y Eva deben haberse preguntado: «¿Cómo pudo haber sucedido esto?». No se suponía que ocurriera de ese modo. Tenían un futuro prometido que experimentar. Hasta ese día fatídico, tenían gozo, riquezas, provisión y grandes expectativas delante de ellos.

«No es justo», deben haber pensado. «¡Si sólo lo hubiéramos visto venir!» Las artimañas habían funcionado a la perfección, y ahora eran esclavos de un conjunto de circunstancias inesperadas. Donde antes había un futuro hermoso con grandes sueños, ahora sólo quedaban sueños deshechos, polvo y cenizas. Sin duda alguna, Adán y Eva deseaban desesperadamente volver el tiempo atrás y comenzar nuevamente. ¿Y ahora qué iba a suceder? Por cierto, algo había cambiado, y se encontraban enjaulados en un entorno que no podían modificar.

Estos dos seres humanos originales no iban a ser los únicos

que observaran despedazarse a su alrededor sus grandes sueños. Millones de hombres, mujeres y niños los siguieron en las páginas de la historia, deseando que sus vidas estuvieran también en otras circunstancias. Algunas situaciones son el resultado directo de nuestras propias elecciones, mientras que otras nos han sido entregadas, debido a la elección de otra persona. En cualquiera de los casos, para muchos, el estilo de vida del cautiverio ha durado tanto que la mayoría no conoce nada diferente. Los hijos de Adán y Eva, por ejemplo, nunca iban a conocer ni a relacionarse con lo que sus padres gozaron alguna vez. Esos hijos nacieron en cautiverio.

Por cierto, el diablo se deleitó en el sentido del logro que derivó del fracaso de Adán y Eva. Fue su momento de reinado de la venganza y una oportunidad para poner en marcha un ciclo. En lugar de que Adán y Eva vivieran la vida de libertad que Dios pensó para ellos, la serpiente hizo pedazos su destino y les entregó una forma falsa de vida. Por supuesto, las malas intenciones de Satanás se extendieron mucho más allá de Adán y Eva. Fueron por lo menos tres generaciones después de Noé y el Diluvio cuando nacería un niño que decidió que quería construir un imperio. Su nombre era Nimrod (ver Génesis 10–11).

> Algunas situaciones son el resultado directo de nuestras propias elecciones, mientras que otras nos han sido entregadas, debido a la elección de otra persona.

Como la serpiente en el huerto, Nimrod también amaba el sentido del logro que derivaba de entregar promesas de fortuna. Habilidoso cazador, gozaba profundamente del aplauso de las personas que alababan sus grandes hazañas de cazar a las bestias salvajes de la tierra. Al crecer, Nimrod quiso más adoración de la gente y buscó formas astutas de conseguir que la gente que lo rodeaba se mantuviera impresionada. Quería hacer cosas grandes y ser alabado por ellas. Su sed de gloria finalmente lo llevó a cazar la devoción del corazón de los hombres, y usaría las riquezas y las promesas de placer para lograr aún más. Sus tácticas lo convirtieron en el primer gran emperador del mundo.

Nimrod construyó muchas ciudades. Su mayor logro fue la lujosa ciudad de Babel, luego llamada Babilonia. Las personas sentían tal orgullo con respecto a la ciudad, que construyeron la bien conocida Torre de Babel. Era sumamente impresionante, y la gente comenzó a considerar a este nuevo rey Nimrod como a un dios. En lugar de recordar al verdadero Dios y creador del universo, las personas sentían lujuria por el fruto y los manjares que la Babilonia de Nimrod tenía para ofrecerles.

Sin embargo, lo menos que imaginaban era que Babilonia les traería congoja cuando su nuevo rey comenzara a exigirles una lealtad y una dependencia plenas a través de tácticas de control y temor. Con razón los nombres de Babel y Babilonia significan «confusión». Confunde cuando uno espera bendiciones, pero sigue recibiendo golpes de repetidas desilusiones. Esto es lo que el mundo, o Babilonia, realiza en la vida de las personas. Las engaña. A Babilonia se la describe de este modo en Apocalipsis 18:14: «Los frutos codiciados por tu alma se apartaron de ti, y todas las cosas exquisitas y espléndidas te han faltado, y nunca más las hallarás».

Nimrod se convirtió en la figura que sería la raíz de toda la idolatría y el ocultismo. Era la personificación de la serpiente en el huerto que codició la devoción del corazón de los hombres y les prometió protección y prosperidad a cambio de ella, si bien atada a sus dones y placeres en Babilonia estaban también los abusos, el vacío y las desilusiones, cosas que este impostor no les mencionó a Adán y Eva cuando usó las mismas falsas promesas en el Huerto del Edén. Característico de las víctimas del abuso, las personas de allí comenzaron a creer en la total dependencia de su abusador. El color y las luces del confort y el placer carnal deslumbrarían a una vida humana tras otra. Aunque los dejara vacíos y confundidos, seguían sintiéndose cada vez más tentados, creyendo que finalmente encontrarían su día de suerte.

Así que adoraron a Nimrod hasta que el tiempo y la práctica le enseñó al mundo que esta era la forma aceptable de vivir. Nimrod impartió lo que hoy día conocemos como mentalidad mundana. Las personas se volvieron siervos de este sistema mundano llamado Babilonia.

Si bien la ciudad física de Babilonia ha ido y venido, el sistema babilónico sigue siendo la forma en que el mundo se conduce.

Este sistema babilónico tiene muchos métodos para hacernos pedazos y para evitar que vivamos según las intenciones de Dios. Incluso hasta vivir con sus desilusiones y frustraciones, muchas personas no buscarán una salida, porque es el único sentido de seguridad y cultura que conocen. Y como Nimrod calculó cuidadosamente, esta práctica de cautiverio con respecto al sistema se repetiría una y otra vez. La liberación requeriría que alguien ingrese pintando un cuadro diferente, alguien que ayudara a la gente a ver que podrían tener algo mucho más gratificante. Alguien que les hiciera saber que su vida ha sido destrozada.

De modo tal, Dios comenzó a cambiar las cosas con una palabra, una simple profecía que haría detener el ciclo. Él dejó que Lucifer y todos los seres creados supieran que Jesús vendría y que Él aplastaría la cabeza de la Babilonia de Nimrod. Luego, tendría el poder de levantarse e interrumpir nuestro propio ciclo de cautiverio humano.

Levantarse desde el polvo

Hoy día, muchas personas sólo conocen el cautiverio de Babilonia. Lo que quiero decir con esto es que se han acostumbrado tanto a las cosas que no son correctas, que ni siquiera se dan cuenta cuando algo está mal. Sus vidas están llenas de sueños deshechos, polvo y cenizas, pero se sienten impotentes para hacer algo al respecto. Sus futuros, alguna vez promisorios, los rodean en escombros. Desearían no tener una vida hecha pedazos ni sentimientos de amargura. Desearían vivir en una casa más linda o tener un mejor empleo. Desearían poder dejar de pecar. Desearían componer su matrimonio. Y la lista sigue. Sin embargo, si nos mantenemos el suficiente tiempo en ese estado, aceptamos nuestra Babilonia como algo normal y pasamos esa mentalidad a las generaciones futuras. Vivir en Babilonia no significa que uno proviene de una historia de adicciones o de posesión demoníaca. Significa que usted ha crecido aceptando y dependiendo de hábitos, metas, estilos de vida y mentalidades que Dios nunca tuvo la intención de que los tuviera. Por lo tanto, continuamente debe volver a aprender la dependencia de las maneras de Dios por sobre la dependencia de las maneras del mundo. Cada uno de nosotros proviene de un estilo de vida, unos antecedentes y un conjunto de circunstancias diferentes, muchos de los cuales han sido formados por la cultura de nuestro mundo. Sus antecedentes y circunstancias son diferentes de la de cualquier otro mortal. Estas circunstancias diferentes pueden formar patrones dentro de nosotros que vemos como normales o aceptamos como si fueran la postura de Dios ante las cosas.

Sin embargo, en algún punto debemos decir: «Esto no es lo que Dios quiere para mí. En algún lugar, se ha metido el enemigo». La clave es saber que cuando su vida está hecha pedazos a causa del diablo, Dios siempre tiene una manera personalizada para *sacarlo del polvo*. Puede que esté deprimido en este momento, pero Dios se ocupa de levantarlo. Él quiere mostrarle cómo destruir cada gramo de cautiverio que ha destrozado su destino: Su bendición.

> Si se lo permitimos, el Señor nos ungirá para que experimentemos una vida de poder total; será como si su pasado de cautiverio nunca hubiera existido.

Piense en Adán y Eva en el huerto. Incluso cuando tomaron la peor decisión de su vida y comieron el fruto prohibido, Dios tuvo una solución inmediata para su dilema. Sus vidas habían sufrido una interferencia horrible. Pero Dios intervino y proveyó el camino para la liberación. Esa es prueba suficiente de que no importa cómo llegó su cautiverio.

Tal vez su circunstancia le llegó injustamente, o quizás ingresó a ella ansiosamente con ambos pies. Sin embargo, debe saber que Dios está de pie en *su huerto* con una promesa de liberación para usted hoy día, de la misma forma en que Él lo hizo para Adán y Eva. Dios les prometió un Libertador que se vengaría del enemigo que se metió en su vida.

Génesis 3:15 es la profecía que nos muestra la forma en que Dios nos hizo reclamar aquello que Babilonia injustamente nos quitó. Jesús es el cumplimiento de esa profecía. Él es la salida de nuestro cautiverio babilónico, y Él quiere enseñarle a cada cristiano el arte de levantarse en su poder para salir del polvo. Nosotros sólo debemos aprender a salir y recuperar nuestras posesiones, nuestra confianza, nuestra dignidad y nuestra paz.

Si se lo permitimos, el Señor nos ungirá para que experimentemos una vida de poder total, de la manera en que Él lo pensó originariamente. Creo que puede ser tan sobrenatural, que será como si su pasado de cautiverio nunca hubiera existido. Usted puede vivir como si esa persona nunca lo hubiera herido, mirando los recuerdos como si le hubiera sucedido a otra persona. Esto es totalmente posible porque la Biblia llama a Jesús el segundo Adán: «Así también está escrito: Fue hecho el primer hombre Adán alma viviente; el postrer Adán, espíritu vivificante» (1 Corintios 15:45). En otras palabras, este versículo está diciendo que, sí, Adán estaba vivo. Pero Jesús no sólo estaba vivo, ¡Él también daba vida!

Jesús vino a darle una segunda oportunidad a Adán. Aunque el diablo pensara que gozaba de la victoria en el Huerto del Edén, Dios aún tenía lo que Él originariamente anhelaba poseer. Satanás no tuvo en cuenta que iba a haber otro Adán, y que no iba a reprobar la prueba. Así fue como el Señor aplastó la cabeza de Satanás. Jesús interrumpió el ciclo del cautiverio que alguna vez se puso en marcha, y Él nos está entregando el poder para romper el ciclo en nuestra vida. Jesús provee vida, el poder para darle a usted un nuevo sentido de propósito sin importar lo que hizo mal o lo malo que le haya sucedido. Usted puede ingresar en el poder sobrenatural de Dios y gozar de la nueva manera de pensar que lo resucitará *del polvo.*

Un refrigerador lleno de sobras podridas

Ahora bien, no sé usted, pero mi día menos preferido es el día de hacer las compras para la casa. Eso se debe a que significa trabajo —mucho trabajo— y concierne a toda la familia. Lo peor es el refrigerador lleno de sobras que hay que botar antes de llenarlo con las compras nuevas. Todos esos recipientes que quedaron en el fondo del refrigerador hace tanto tiempo, que ni siquiera recuerda haberlos colocado allí. Ahora es el momento de abrir cada uno de ellos y de limpiar. Ah, uno no desea hacerlo. Luego, el cajón de productos frescos. Sí, creo que eso era una lechuga, pero ahora se parece más a una bolsa con un líquido marrón extraño. ¡Qué asco! La única forma de sacárselo de encima es abrir cada uno y olerlo uno por uno. Le temo al refrigerador lleno de sobras, pero sé que si no lo hago, no tendré lugar para la comida nueva que me dispongo a comprar.

Dios comienza el proceso sobrenatural de levantarlo del polvo y las cenizas retirando los restos que Babilonia ha dejado atrás. El Señor no lo obliga a comerlos y revivir los restos. ¡No! Él quiere quitarlos. Sin embargo, no es lo suficientemente bueno para Él sólo quitárselos. Él quiere que usted los retire con su poder y ayuda, de manera sobrenatural. Esa es la manera del Espíritu Santo. Él obra dentro de nosotros y a través de nosotros. Este principio se encuentra en toda la Biblia: Hombres y mujeres obrando con Dios, y Dios obrando con ellos.

Si el Señor quiere obrar a través de usted para retirar los sobrantes de su vida, significa que tendrá que enfrentar lo que vive dentro de usted. Así como la comida vieja en el refrigerador que no desea ver ni oler, los restos que sobraron de Babilonia en nuestra vida deberán abordarse ¡Qué asco... nuevamente!

¿Quién quiere hacerlo? Dios. Pero Él *no* lo hará *sin* usted. Eso significa que tendremos que admitir algunas cosas y enfrentarlas. ¿Advirtió alguna vez cómo otras personas cercanas a nosotros pueden advertir nuestras pequeñas peculiaridades de personalidad y malos hábitos? Con frecuencia, parecería que todos los ven menos nosotros. Luego cuando alguien es lo suficientemente valiente para mencionarlos, respondemos diciendo: «Yo no hago eso», o «Yo no soy así». Entonces, pensamos que nadie comprende nuestro punto de vista o que simplemente somos incomprendidos.

Esta situación es el abismo que hay en medio de muchos matrimonios. Pensamos que nuestro cónyuge no comprende de dónde provenimos cuando con frecuencia sólo responden a ese poco de Babilonia que está saliendo de nosotros. Es el hábito con el cual hemos crecido a determinados tipos de cautiverio. Por lo general, proviene de los padres, que lo aprendieron a su vez de sus padres y demás.

> Cuando Jesús resucitó de entre los muertos, nos dio su poder para retirar cada eslabón del cautiverio de Babilonia, y, en su lugar, nos llenó con gran gloria.

Estos son los restos que Dios quiere quitar de nosotros para que nos llenemos con el fruto del Espíritu, el poder de Dios y su gloria. Por cierto, puede ser un lío caótico para quitar, pero ese lío sólo durará poco tiempo. Luego, el refrigerador se limpia con desinfectante y se prepara para un botín de sustancia fresca y nueva. Cuando Jesús resucitó de entre los muertos, nos dio su poder para retirar cada eslabón del cautiverio de Babilonia, y, en su lugar, nos llenó con gran gloria. Por supuesto, sería maravilloso si hacerlo fuera tan fácil como una tarde limpiando el refrigerador. Pero lo mejor de todo es que, si usted está dispuesto, Dios le dará su poder sobrenatural para hacerlo en un reacondicionamiento prolongado. Permita que Dios le abra los ojos y comience a traerlo del polvo. Esté dispuesto a abordar algunos restos de Babilonia en su vida. Dios se tomará su tiempo, quebrando cada eslabón de la cadena de su cautiverio uno por uno, muy cuidadosamente, para que usted sea consciente de ello. Luego, Él lo fortalecerá para que se libere permanentemente de Babilonia.

Pregunte cómo llegar a Sion

A Dios no le importa el espíritu de Babilonia, y su misión es derrotar su presencia en nosotros. El profeta Jeremías nos da una clara imagen de cómo Dios venció a la ciudad de Babilonia: «Anunciad en las naciones, y haced saber; levantad también bandera, publicad, y no encubráis; decid: Tomada es Babilonia, Bel es confundido, deshecho es Merodac; destruidas son sus esculturas, quebrados son sus ídolos» (Jeremías 50:2).

Es evidente que a Dios no le gusta la presencia de Babilonia, porque representa todo lo que lo desafía y está en su contra. Es el epítome del pecado. En Jeremías 50:2, Dios da a conocer que Él quiere que Babilonia desaparezca. Nos está diciendo a usted y a mí que quiere retirar por completo el espíritu de cautiverio de Babilonia de nuestra vida. Y aún hoy nos dice que cada mal hábito, atadura demoníaca e imagen mental que este espíritu ha inculcado en su vida está por ser destruido. No intente ocultarlo, sino que haga saber que Dios está quebrando el espíritu del cautiverio de Babilonia fuera de usted.

Pero el Señor sólo puede hacerlo si usted se lo permite. Usted debe desear salir del polvo. ¿Esto significa que usted quiere aliviarse de los efectos del polvo? No. Usted debe levantarse y trasladarse a un nuevo lugar.

Después que Jeremías profetizara contra Babilonia en el capítulo 50, dio la imagen de qué debía hacer el pueblo de Dios a fin de salir de ese lugar. Jeremías 50:4–5 dice: «En aquellos días y en aquel tiempo, dice Jehová, vendrán los hijos de Israel, ellos y los hijos de Judá juntamente; e irán andando y llorando, y buscarán a Jehová su Dios. *Preguntarán por el camino de Sion*, hacia donde volverán sus rostros, diciendo: Venid, y juntémonos a Jehová con pacto eterno que jamás se ponga en olvido» (énfasis agregado). El profeta les dijo que ya que se estaba destruyendo Babilonia, era el momento de irse. Si esto era un relato real de la historia de Israel, es un ejemplo profético de nosotros liberados del cautiverio del mundo que llegamos a conocer y al que tanto nos acostumbramos.

Es evidente que la forma de salir de Babilonia consiste en comenzar a pedir directivas. Por eso, el versículo dice que ellos: «Preguntarán por el camino de Sion». Sion es la imagen de la liberación. Es el lugar de lo sagrado. Debemos pedirle a Dios que nos indique cómo llegar a Sion. Si quiere limpiar los restos y huir del cautiverio del pasado que sigue venciendo al presente, entonces pregunte cómo llegar a Sion. Se deja el cautiverio, al buscar primero a Dios con respecto a sus asuntos; luego le pide que le enseñe cómo encontrar el camino a Sion. Para mí, es como seguir las instrucciones de un Sistema de Posicionamiento Global (GPS) en su automóvil. Ubica su posición actual en la pantalla y no hace más que seguir cada dirección como se le indica. ¡No intente ver el destino final primero!

Por algún motivo, ¡tenemos problemas en acercarnos a Dios de ese modo! Siempre queremos que nos hable sobre nuestro futuro en detalle, mientras que Él sólo quiere ubicarnos donde estamos ahora y luego darnos el rumbo de a un paso por vez. Por ejemplo, queremos encontrar el momento de salirnos de la deuda instantáneamente, cuando Dios quiere enseñarnos cómo dar un diezmo o una ofrenda. Salir del polvo es un proceso, y comienza por pedirle al Señor que lo ayude a hallar el camino a Sion. Esa es la primera «directriz». Él está esperando que usted lo haga.

Mientras abandona cada área del cautiverio del pasado, puede que haya algo de llanto en el camino. «… irán andando y llorando, y buscarán a Jehová su Dios» (Jeremías 50:4). Pero el camino a Sion lo coloca en un lugar de fortaleza con Dios. El versículo 5 dice que le otorga un pacto perpetuo o una relación continua con Dios que no lo abandonará fácilmente cuando intenten ingresar en su vida nuevas pruebas y tentaciones mundanas. A veces, no es tan sencillo abandonar la única forma de vida que ha conocido, incluso como un cristiano que ama al Señor. Si está acostumbrado a responderle a la vida a través de la amargura, entonces puede que sea difícil andar un nuevo camino a Sion que tenga una perspectiva gozosa.

> No tiene por qué elaborar todos los detalles ahora mismo; simplemente siga cada paso mientras Dios le muestra el camino.

Puede preguntarle a Dios sus propias directrices para llegar a Sion. Él le mostrará cada paso para sacarlo de Babilonia. Jeremías 50:8 dice: «Huid de en medio de Babilonia, y salid de la tierra de los caldeos, y sed como los machos cabríos que van delante del rebaño». Debemos escoger abandonar nuestros hábitos pasados de cautiverio y correr hacia Sion. Los machos cabríos de este versículo representan los que conducen el camino. Ellos toman la iniciativa para que se cumpla la tarea, y actúan como ejemplo para que los otros los sigan incluso sobre terreno rocoso. Tome la iniciativa de huir de las cadenas de Babilonia. Colóquese detrás del volante y siga el GPS espiritual de Dios. Él se lo dará si usted está dispuesto a encontrar la salida de su pasado de polvo y cenizas. No tiene por qué elaborar todos los detalles ahora mismo; ¡simplemente siga cada paso mientras Dios le muestra el camino a Sion!

Mi Babilonia es demasiado grande

Hace muchos años, recuerdo que pasamos por momentos muy difíciles, con muchas pruebas y desilusiones mientras intentábamos encontrar nuestro camino en el ministerio que parecía ser un fracaso total. Durante esa época, mi esposo le describió a nuestro pastor cómo nos sentíamos: «Siento como si estuviéramos en un tornado de circunstancias», le explicó. «Todo me llega demasiado rápido, y no puedo reducir la velocidad de todas las tormentas. Luego, una vez cada tanto mientras sacaba uno de mis brazos del ciclón, sentía un momento de alivio, hasta que era absorbido nuevamente hacia adentro. Entonces otro miembro salía para un descanso breve para ser jalado nuevamente mientras continuaba la tormenta.»

¡Estoy segura de que a usted también le ocurrió! Teníamos problemas financieros, intentos fallidos con respecto al ministerio y toda una hueste de emociones frustradas.

Luchábamos tantas batallas, que ni siquiera sabíamos por dónde comenzar. Nuestra actitud era: "Olvida intentar trabajar sobre el fruto del Espíritu y eliminar los restos del pasado; estamos demasiado ocupados con sólo intentar arreglar este lío, comer y pagar la renta». Nos sentíamos cautivos del fracaso.

A veces, parecía como que la Babilonia de la que uno tiene que escapar es demasiado grande como para superarla. Para algunas personas, es una montaña de deudas. Para otras, es el abuso del pasado que les impide responder correctamente a la vida. Tal vez es el estilo de vida de la pobreza, la adicción y la inestabilidad. Quizás es un intento fracasado de un negocio tras otro, o una falta de habilidad y educación que lo retiene. Podría ser la frustración de un hábito pecaminoso, enojo, temor o amargura. Muchos tienen la desilusión de la traición o el divorcio. Algunos son cautivos del estatus social, la raza y la nacionalidad. Mientras que muchos cristianos intentan arduamente amar y servir al Señor, simplemente no saben cómo vivir fuera de Babilonia. No pueden ver el otro lado porque su Babilonia se vislumbra como una gran nube sobre ellos todos los días. Para sumarse a ello, a los demonios les encanta estar por allí en un esfuerzo por mantenerlo desesperanzado aunque usted conozca y ame al Señor.

Dios quiere que cada creyente progrese en su cristianismo más allá de la paz de saber que se nos perdonan nuestros pecados y que algún día el cielo será nuestro hogar. Él también quiere que crezcamos más allá de asistir a la iglesia y de oír un gran sermón que poco hace para transformarnos por un período de una o dos semanas. Dios quiere que vea que sus hábitos de cautiverio pueden superarse.

Con suficiente poder, Dios presentó el ejemplo más grande de cómo superar las imposibilidades de la vida en el Libro de Nehemías. Allí, el pueblo de Dios vivía cautivo de Babilonia, tanto como hoy día lo hacen muchas personas de Dios porque aún deben aprender una nueva forma de vida. Saben que Dios tiene algo mejor para ellos, pero luchan por llegar allí. Dicen: «¡Amen!» a los mensajes de sanidad y liberación en la iglesia. Gritan y cantan. Sin embargo, llegan a sus hogares y los golpea la realidad de las circunstancias.

Algunas personas miran a su alrededor para ver la misma carencia de dinero en la cuenta bancaria. Otros ven al mismo cónyuge como insalvable esclavo de las drogas. Allí está sentado un adolescente descarriado cuya rebeldía provoca desastres en la familia. Los cigarrillos tan odiados siguen estando en el escritorio de una persona, mientras que la realidad de su negocio fracasado amenaza con dejarlo sin casa. Para muchas personas cristianas buenas, una «Babilonia demasiado grande» es demasiado real. Pero no es nada nuevo para Dios. Él anduvo con un hombre llamado Nehemías a través de la misma situación. Esta es la historia que contiene todas las respuestas para salir del cautiverio en el que los sueños de su vida se hacen trizas.

Una herencia robada y promesas hechas pedazos

«Palabras de Nehemías hijo de Hacalías. Aconteció en el mes de Quisleu, en el año veinte, estando yo en Susa, capital del reino, que vino Hanani, uno de mis hermanos, con algunos varones de Judá, y les pregunté por los judíos que habían escapado, que habían quedado de la cautividad, y por Jerusalén. Y me dijeron: El remanente, los que quedaron de la cautividad, allí en la provincia, están en gran mal y afrenta, y el muro de Jerusalén derribado, y sus puertas quemadas a fuego.»

—Nehemías 1:1–3

Nehemías no podía creer lo que estaba oyendo. La herencia que no conocía no estaba más. Todo lo que amaba se lo habían robado y llevado. ¿El informe podía ser cierto? Tal vez la información era incorrecta. Él sólo había preguntado sobre sus amigos y familiares de su pueblo. Nehemías quería saber sobre sus hermanos que habían quedado en Jerusalén cuando la mayor parte de Israel había sido llevada cautiva a Babilonia. Sin embargo no podía creer lo que oía cuando escuchó sobre las historias de dolor, la aflicción, los edificios destruidos y los incendios. No quedaba nada de los restos de Dios en su hogar, aunque se las habían arreglado para que no se lo llevaran. Aún estaban afligidos por el ataque babilónico, y por haber perdido toda la prosperidad que conocieron.

El informe que recibió Nehemías detallaba tres eventos trágicos y pintaba un cuadro perfecto de los momentos de desilusión y sueños deshechos que toda persona experimentó en algún momento. Estas son las experiencias que facilitan sentir que la vida es injusta y, por supuesto, aceptar las viejas preguntas: «Dios, ¿dónde estabas cuando esto me sucedió?». Lo primero que le dijo el informe a Nehemías era el estado de la gente. Estaban en gran mal o experimentando una cantidad tremenda de problemas. Eso significa estar en gran mal. Significa atravesar problema tras problema con poco tiempo de alivio. Las personas también se sentían en afrenta, lo que significaba que estaban en desgracia. Esto no sólo habla de un montón de problemas, sino de sentirse totalmente humillados en medio de ellos. Imagine un problema tal que lo deje sintiéndose terriblemente avergonzado frente a su prójimo y amigos.

> Recuerde, Satanás es el ladrón. Él hace pedazos lo que no le pertenece. Él intentará incendiar las puertas e ingresar ilegalmente. Eso es lo que hacen los ladrones.

En segundo lugar, este pasaje de las Escrituras habla del muro de Jerusalén destruido, lo que significa que sus defensas fueron comprometidas. ¿No suena esto a muchos cristianos? Atraviesan muchos problemas desgraciados y no tienen los recursos para defenderse de los ataques.

Luego, en tercer lugar, Nehemías oyó que se incendiaron las puertas de la ciudad. Esto es claramente un ejemplo de fuerzas demoníacas traspasando nuestra vida. Las puertas hablan de un punto de ingreso. Revelan los lugares donde el diablo encuentra un acceso.

Eso no quiere decir necesariamente que le dimos acceso. Aquí las Escrituras dicen que las puertas fueron incendiadas a propósito, no abiertas para su ingreso. Y en Juan 10:10, la Biblia dice: «El ladrón no viene sino para hurtar y matar y destruir». Recuerde, Satanás es el ladrón. Él hace pedazos lo que no le pertenece, y no siempre encuentra una entrada *legal*. Él intentará incendiar las puertas e ingresar ilegalmente. Eso es lo que hacen los ladrones. Recuerde, en realidad, Adán y Eva no le dieron acceso al huerto. Simplemente, no lo sacaron a patadas de allí cuando se encontraron con él. Era su jardín, ¡y el diablo se metió en él sin haber sido invitado!

En resumen, Nehemías encontró su herencia llena de problemas, fue completamente humillado y no hubo solución para la victoria. Lo peor de todo fue que todo estaba ahora hecho pedazos por las fuerzas enemigas, y bajo su control. Ahora bien, si eso no habla en algún punto de toda nuestra vida, nada lo hará. Todos han estado involucrados con algo como eso. Tal vez toda su vida ha sido así, o quizás una o dos áreas. Independientemente, podemos aprender de la poderosa respuesta de Nehemías.

Del llanto a la guerra en una oración

Por supuesto, la reacción de Nehemías a esta noticia comenzó de la misma manera en que muchos de nosotros respondemos a las tragedias, desilusiones u otras circunstancias duras. Nehemías 1:4 dice: «Cuando oí estas palabras me senté y lloré, e hice duelo por algunos días, y ayuné y oré delante del Dios de los cielos». Así que su respuesta inicial fue normal. Primero, se sentó. Normalmente, nos sentamos cuando nos sentimos desesperanzados y cansados de intentar. Sentarse es una acción de retroceso. Luego comenzó el llanto. Cuando las cosas andan mal, lloramos. Bueno, tal vez lloran las mujeres, pero los hombres también lloran, quizás de manera diferente, pero lloran. Cierto llanto llega en forma de enojo con diatribas de quejas, pero sigue siendo llanto.

Nehemías lloró cuando los sueños de toda su vida se hicieron pedazos, y lo hizo por «algunos días». Ahora bien, no sé cuántos fueron «algunos días» exactamente, pero por cierto fue más de un día. Tal vez Nehemías expresó que sus lágrimas duraron una cantidad vaga de días (plural) porque fue un monto más prolongado de tiempo del que deseó admitir. ¿Alguna vez le sucedió? Yo diría que él estaba bastante deprimido, por cierto.

Luego, de repente, hizo algo en medio de las lágrimas. «Ayuné y oré delante del Dios de los cielos» (Nehemías 1:4). Pudo haber culpado a Dios, como hace mucha gente. Pudo haberse hecho la víctima y preguntar por qué una y otra vez. En lugar de suponer que Dios abandonó sus sueños, decidió que Dios era la respuesta para cumplirlos. No sólo era sorprendente que Nehemías orara mientras se sentía desalentado, sino que el verdadero poder existiera en *aquello* en lo que oró. Su oración detallada lo transformó del llanto a la guerra. Fue el momento definitorio que dio comienzo al proceso de reconstrucción de los sueños que Babilonia había destruido.

Sí, Nehemías pudo haberse quedado llorando. Pudo fácilmente haberse mantenido deprimido. Es fácil mantenerse deprimido cuando uno se siente desesperanzado, porque las emociones pueden llegar como un agua rugiente y casi paralizarlo. Las malas noticias lo pueden hacer sentir de repente como si le dieran una trompada en el estómago. No obstante, este hombre simple encontró una oración dentro de sí que lo cambió todo. Ahora debía elegir avanzar más allá de estos eventos trágicos para poder abordar una solución para el futuro. Como dice el antiguo dicho: No podemos cambiar el pasado, pero podemos cambiar nuestro futuro. Cambiar nuestro futuro comienza en la oración, pero no en cualquier tipo de oración.

Comienza con oraciones cruciales y precisas.

Dios quiere que oremos desde nuestro corazón acerca de cualquier situación que enfrentemos. Según la Biblia, sin embargo, hay únicamente determinadas oraciones que hacen que Él escuche y responda. 1 Juan 5:14–15 dice: «Y esta es la confianza que tenemos en él, que si pedimos alguna cosa *conforme a su voluntad*, él nos oye. Y si sabemos que él nos oye en cualquier cosa que pidamos, sabemos que tenemos las peticiones que le hayamos hecho» (énfasis agregado). Si se siente inseguro de que Dios escucha sus oraciones, regrese a reflexionar sobre las verdades directas de este pasaje de las Escrituras. Nos dicen que hay una manera de confiar en sus oraciones. Yo quiero sentirme confiada cuando oro, ¿usted no? Muchas veces, cuando las personas tienen problemas, hacen oraciones "de registro deslizante", simplemente a la espera de que suceda algo bueno. Dios quiere confiar en sus oraciones para que cuando usted salga de su closet de oraciones, tenga un conocimiento profundo de que sucedió algo en el reino del espíritu que hizo que su vida diera un giro.

> No podemos cambiar el pasado, pero podemos cambiar nuestro futuro. Cambiar nuestro futuro comienza en la oración.

La primera manera de tener confianza cuando se acerca a Dios es orando conforme a su voluntad. Si no está seguro de lo que es, entonces asegúrese de orar de manera tal que esté de acuerdo con la Biblia. Estudie cómo las personas de la Biblia encontraron respuestas a sus oraciones. No podemos simplemente orar según nuestras preferencias personales sobre la base de cómo nos sentimos en ese momento. Dios cuenta con un patrón para la oración exitosa que obrará tanto en los buenos tiempos como en los malos. Sea bíblico y deliberado con respecto a sus oraciones, y luego desarrollará la confianza en que Dios lo está escuchando. Una vez que eso suceda, la Biblia es clara en cuanto a que obtendremos exactamente lo que oramos. Ahora, yo digo: «¡Amen!» a eso.

Nehemías 1:5-11 cita la oración confiada de Nehemías. Quiero explorar los detalles de su oración aquí, porque se trata de una oración que puede hacer resucitar sueños deshechos. Puede usarla como un patrón para su situación personal. Hay cinco puntos clave en esta oración que quiero que vea, y que si los pone en práctica, sus oraciones también lo cambiarán por completo.

No culpó a Dios.

«…Oh Jehová, Dios de los cielos… que guarda el pacto y la misericordia a los que le aman y guardan sus mandamientos» (v.5). En lugar de cuestionar o culpar a Dios por estar en tal terrible circunstancia, Nehemías se recordó a sí mismo que Dios nunca rompe una promesa. Esta probablemente sea la primera clave y la más importante para salir de una Babilonia de sueños deshechos, cuando todavía puede ver al Dios que cumple con sus promesas. Una gran mayoría de gente no puede hacer eso cuando se siente desilusionada. Nehemías reafirmó de inmediato que Dios es fiel a su Palabra. Resulta fácil cuestionar las promesas de Dios cuando las cosas no funcionan como uno lo espera. Levántese en oración y recuerde que Dios siempre cumple con sus promesas, y que lo que le sucedió en la vida no se debe a que Él falló en llegar a usted. Dios no le falla a los que lo aman y le sirven.

Esperaba que el Señor escuchara su oración.

«Esté ahora atento tu oído y abiertos tus ojos para oír la oración de tu siervo, que hago ahora delante de ti día y noche…» (v.6). Nehemías fue lo suficientemente valiente como para pedirle al Señor que escuche su oración. De hecho, lo esperaba. No asumió la ruta lógica de que Dios lo había ignorado. Esperaba que Dios prestara atención a lo que tenía para decirle. Nehemías le solicitó al Señor que abriera sus ojos y oídos divinos para poder oír su oración. ¡Eso es confianza!

Se arrepintió de sus pecados y de los pecados del pueblo.

«...Que hago ahora delante de ti día y noche, por los hijos de Israel tus siervos; y confieso los pecados de los hijos de Israel que hemos cometido contra ti; sí, yo y la casa de mi padre hemos pecado» (v.6). Toda oración durante un período de prueba difícil implica alguna forma de arrepentimiento. El orgullo siempre quiere que supongamos que hicimos todo bien y que Dios tuvo la culpa o que Dios fue el que no hizo nada cuando nuestra vida se hizo pedazos. Nehemías no tuvo temor de admitir que tuvo fallas que contribuyeron a la tragedia presente. No actuó como una víctima, sino que simplemente reconoció su error. No sólo no tuvo miedo de reconocer su falla, sino que también la detalló. Declaró haber vivido en forma corrupta y no haber cumplido con la Palabra de Dios. No creo que el hecho de reconocer los detalles de sus errores y pecados sea importante porque Dios no quiere que nos deleitemos en ellos ni nos sintamos desesperadamente afligidos. En cambio, Dios quiere cultivar en nosotros una conciencia de ellos para que evitemos cometer los mismos errores en el futuro. Este hombre no tuvo miedo de admitir que hubo áreas en su vida en las que no obedeció los mandamientos de Dios como debería haberlo hecho.

Creía en el perdón de Dios.

«Pero si os volviereis a mí, y guardareis mis mandamientos, y los pusiereis por obra, aunque vuestra dispersión fuere hasta el extremo de los cielos, de allí os recogeré, y os traeré al lugar que escogí para hacer habitar allí mi nombre» (v.9). Deliberadamente, se recordó a sí mismo, así como también al Señor, de que las promesas de Dios extendían gran misericordia cuando nos volcábamos hacia Él. Sin importar lo que parece haberse caído a pedazos, Dios se ha comprometido a reparar cada pieza rota si le pedimos perdón. El Señor tomará los eventos dispersos que no tienen sentido y los unirá.

Cuando lo haga, usted se convertirá en un lugar en el que su nombre y presencia podrán vivir. Deberá creer en el perdón de Dios y en que mantendrá juntos sus sueños de toda la vida. Todo lo que se requiere es que se vuelque hacia el Señor, no que se aleje de Él, especialmente cuando siente que ha hecho algo mal.

Esperó a que Dios manifestara su poder sobrenatural.

«Ellos, pues, son tus siervos y tu pueblo, los cuales redimiste con tu gran poder, y con tu mano poderosa» (v.10). Usted debe creer en que Dios le manifestará su unción. Nehemías esperó a que la mano fuerte de Dios apareciera, aún cuando las personas habían fracasado. A veces, es sencillo creer que el Señor manifestará milagros para otra persona, pero nos vemos a nosotros mismos mereciendo menos. Con frecuencia, sólo esperamos que "tal vez" Dios genere un progreso. No, usted debe ver que la mano fuerte de Dios está allí para operar *sólo para usted*. Uno de los motivos principales por los que no salimos del polvo y de las cenizas de Babilonia es porque no creemos que Dios manifestará milagros. Si en verdad lo creyéramos, hablaríamos y actuaríamos de manera que lo demostrásemos. Muchas personas hablan de sus desilusiones y las imposibilidades. Pronunciamos frases como: «Me siento muy frustrada» o «Estoy abrumada». Esas palabras reflejan que nos hemos rendido. Usted debe creer que el poder de Dios obrará para usted si es que quiere ser libre del cautiverio en su vida.

¿Cómo sucedió esto?

Ya sea que haya sido cristiano durante años o que tal vez no conoció al Señor hasta hace poco tiempo, es probable que hayan existido momentos en que le haya preguntado a Dios por qué las cosas sucedieron como sucedieron. Quizá se trató de una sanidad que no llegó o de una relación que se deshizo. Tal vez fue un tema financiero. Estoy segura de que Adán y Eva formularon esa pregunta muchas veces. Estoy aún más segura de que lloraron incontrolablemente al respecto.

Sin embargo, salir de Babilonia significa que no puede seguir mirando hacia ella. Simplemente reconozca los hábitos negativos que Babilonia creó en usted, y luego comience a andar hacia Sion para liberarse de ella. Si dedica mucho tiempo reflexionando sobre el pasado, nunca vivirá libre en el futuro.

Durante mis años de ministerio, conocí tanta gente que ha mirado sus desilusiones y que se sentía como que hizo todo lo que sabía para evitarlas, pero seguía experimentando alguna forma de desilusión. Seguía preguntando: «¿Por qué sucedió esto?».

Bien, hay millones de respuestas a esas preguntas, y no quiero agotar todos los puntos de vista. Sin embargo, quiero darle una solución simple. Cualquier cosa que haga, nunca suponga que hizo siempre todo lo correcto. Esta es un área muy importante donde nos equivocamos porque queremos echarle la culpa a otro, generalmente a Dios. Esto no significa que se pase al otro lado y se mate a golpes pensando que es un fracaso total. Lo que significa es que debe dejar de aferrarse a la idea de que hizo todo lo que sabía y ahora puede comprender por qué Dios permitió que esto sucediera.

Recuerde, sin importar por qué, ¡nunca es la culpa de Dios! Si usted fuera usado y abusado injustamente por otra persona, no se le puede echar la culpa a Dios. El Señor no es su problema. ¡Él siempre es su respuesta!

Adán y Eva podrían haber culpado a Dios por «permitir» que la serpiente ingresara al huerto y hacer tambalear su mundo. Esa mentalidad no lo llevará a ningún lado cercano a la libertad. Una vez que pueda eliminar cualquier cuestión con respecto a eso, estará bien encaminado a ser libre del cautiverio del pasado. Cuando su vida estuvo hecha pedazos, eso fue lo que sucedió. Ahora ya pasó. Sí, puede que duela, pero ahora debe centrarse en la solución que mantenga a Satanás fuera de su vida a partir de ahora. Aquí es donde se inicia la verdadera sanidad.

Dese cuenta que en este mundo hay pruebas que provienen directamente del diablo, como les sucedió a Adán y Eva. Nunca viviremos sin pruebas aquí en esta tierra. Lo que podemos aprender, sin embargo, es cómo derrotar el estilo de vida y el cautiverio de Babilonia y vivir en victoria. Recuerde, este es un proceso de aprendizaje. El crecimiento en esta área no sucede de inmediato o porque oyó un sermón acerca de tener autoridad sobre el diablo. Jesús enseñó con tanto poder esto cuando dijo: «Estas cosas os he hablado para que en mí tengáis [perfecta] paz. En el mundo tendréis aflicción; pero confiad, [tomar coraje; estar confiado, seguro] yo he vencido al mundo [Le he quitado el poder para lastimarte y lo he conquistado para ti]» (Juan 16:33).

> A veces, es sencillo creer que el Señor manifestará milagros para otra persona. Usted debe ver que la mano fuerte de Dios está allí para operar sólo para usted.

La palabra *vencido* en ese versículo significa «prevalecer sobre un enemigo». Jesús encontró la respuesta para vencer cada prueba y frustración. Él ha privado al mundo (Babilonia) de su capacidad para dañarlo a usted. Sea consciente de que Él vive dentro de usted y le enseñará todo lo que sabe. Por ende, siga haciendo lo que aprendió, y cuando algo no salga como usted espera, pídale al Señor que le enseñe cómo crecer. Con el correr del tiempo, aprenderá a ganar victorias en áreas en las que previamente luchaba.

Ha llegado el momento de abandonar el hábito

El Libro de Nehemías tiene lugar durante una época de la historia de Israel cuando fueron tomados como cautivos y llevados a Babilonia. Sucedió porque habían pecado contra el Señor una y otra vez. Finalmente, el Señor les permitió ser llevados cautivos. Este cautiverio de Israel es un plan de acción detallado para salir de cualquier tipo de esclavitud o dolor, independientemente de cómo se llegó allí. Nuevamente, a veces es el resultado de nuestras propias opciones y a veces de la elección de otra persona.

Israel estuvo en cautiverio durante setenta años. Eso significa que nacieron personas mientras fueron cautivos, y que esas personas nunca conocieron otra cosa. Estaban acostumbradas a una forma de vida babilonia. Aunque somos cristianos, vivimos en el mundo natural y estamos acostumbrados a una forma de vida mundana (babilonia). Por lo tanto, Dios quiere enseñarnos cómo salir del cautiverio mundano y las mentalidades mundanas. Él quiere mostrarnos otra forma de vida. Por ejemplo, si sólo quiere saber cómo es vivir en una choza destruida sin agua corriente, entonces tendrá problemas si alguien le alcanza las llaves de una mansión. Le daría un gran trabajo aprender a vivir en un palacio.

Es por eso que las simples oraciones de liberación para retirar las fortalezas no bastan. Sí, *necesitamos* oraciones de liberación para quitar la influencia de los espíritus malignos. No obstante, una vez que se han ido, usted debe saber cómo vivir en un estilo de vida totalmente nuevo sin ellos. Muchas personas han aprendido a depender de su cautiverio por fuerza del hábito. Entonces cuando los demonios se van, pierden su fuente de seguridad, lo que les era conocido. Por eso, tantas personas regresan a la esclavitud.

Mateo 12:43–45 dice: «Cuando el espíritu inmundo sale del hombre, anda por lugares secos, buscando reposo, y no lo halla. Entonces dice: Volveré a mi casa de donde salí; y cuando llega, la halla desocupada, barrida y adornada. Entonces va, y toma consigo otros siete espíritus peores que él, y entrados, moran allí; y el postrer estado de aquel hombre viene a ser peor que el primero. Así también acontecerá a esta mala generación». ¿Qué estaba tratando de decir Jesús en realidad? Advierta que Él dijo que el espíritu maligno regresa a «su casa». Ahora bien, cuando usted ha vivido en una casa durante un tiempo prolongado, esa casa comienza a parecerse a usted, huele a sus cosas (buenas o malas) y refleja sus gustos y estilos porque es su casa. Incluso si se muda, sigue pareciéndose a usted. Cuando ingresan los nuevos dueños, les toma tiempo «hacerla suya».

Es de esa manera que los demonios se ven obligados a dejar nuestra vida. Debemos remodelar la casa que se asemeja, huele y refleja las tinieblas demoníacas de Babilonia. De hecho, cuando se muda a Sion, no podrá construir una casa al estilo de Babilonia.

Cuando cambiamos el aspecto de una morada, los demonios intentarán regresar. Pero no reconocerán el lugar. Rápidamente se darán cuenta de que no es un lugar en el que puedan habitar. Las cosas que les gustan ya no están allí. Ya no los reflejan.

> Nunca viviremos sin pruebas aquí en esta tierra. Sin embargo, lo que aprenderemos es cómo derrotar el estilo de vida y el cautiverio de Babilonia y vivir en victoria.

A eso me refiero cuando digo que debemos aprender a vivir en un palacio, o mejor dicho, que debemos aprender a vivir en Sion por sobre la cultura de la vida de Babilonia. Los demonios dejarán de venir cuando se mude de Babilonia y se dirija a Sion. Si su vida ha sido hecha pedazos, dejándolo con sueños deshechos, polvo y cenizas, entonces sepa hoy que Jesús le está dando nuevas instrucciones para salir. Prepárese para abandonar el estilo de vida de cautiverio, sin importar cuán grande o pequeño sea cuando salga. ¡Sus días de vivir con las cenizas y las sobras se han terminado!

«Sacúdete del polvo; levántate y siéntate, Jerusalén; suelta las ataduras de tu cuello, cautiva hija de Sion.»

[ISAÍAS 52:2]

[CAPÍTULO 2]

DECIDA CUÁNDO ES SU
MOMENTO de CAMBIO

DURANTE MIS AÑOS DE MINISTRAR A LAS PERSONAS, advertí una cosa en común que es cuántos cristianos tienen la tendencia de *desear*, en lugar de *crear* su avance. Desesperadamente, quieren que Dios haga algo con su vida o con una situación específica que están enfrentando, cuando Dios realmente quiere que *ellos* hagan algo. Cuando las oportunidades les son adversas, se cruzan de brazos y esperan o desean un milagro.

El motivo por el cual algunos convictos se escapan de la prisión se debe a que constantemente están buscando una oportunidad a pesar de que las oportunidades les son adversas. Están tan resueltos a jugárselas en todo, que dedican cada hora de vigilia a hacer contactos, reunir información, y luego a fabricar y recolectar las herramientas necesarias. Buscan oportunidades para escapar de su cautiverio. A veces, planean durante meses o más, y trabajan arduamente en ello. Luego, determinan el tiempo y el lugar de la fuga. Deciden el día en que sucederá porque no están contentos con vivir bajo las condiciones actuales.

Dios ha soplado dentro del espíritu humano la determinación de perseguir la vida y la libertad. Se han conocido personas que han ido más allá de los medios naturales y han estirado el límite de la capacidad humana para hallarlo. Por lo tanto, si los prisioneros naturales pueden crear una fuga del cautiverio natural, o si las tropas de las fuerzas armadas pueden encontrar una salida a las situaciones difíciles, ¿qué podemos lograr nosotros para nuestra libertad espiritual usando la unción? Imagine las fortalezas demoníacas que podríamos derribar y los milagros que podríamos producir si simplemente aprovecháramos la oportunidad.

> Dios ha soplado dentro del espíritu humano la determinación de perseguir la vida y la libertad. Se han conocido personas que han ido más allá de los medios naturales y han estirado el límite de la capacidad humana para hallarlo.

Durante la Segunda Guerra Mundial, el alto comando nazi decidió que estaba derrochando demasiados recursos en fugitivos prisioneros de guerra (POW) y comenzaron a ser más estrictos en las medidas de seguridad de sus campos de prisioneros. Así que se llevaron a los prisioneros con mayores registros de fuga a la infame prisión Stalag Luft III. El líder del escuadrón británico Roger Bushell se encontraba entre ellos. Líder de una comisión secreta de escape de la prisión, Bushell era conocido como «Big X» y tenía un historial de operaciones de intentos de fuga. Al llegar al complejo de Stalag Luft III, los alemanes lo amenazaron con que si se escapaba de nuevo, sería ejecutado de inmediato.

Stalag Luft III era uno de los campos de prisioneros más grandes de Alemania, y albergaba a casi diez mil prisioneros aliados hacia el fin de la guerra. Cuidadosamente diseñado para desalentar fugas, estaba ubicado en un área remota a ciento cincuenta kilómetros al sudeste de Berlín, y se le consideraba ideal porque se le veía como un lugar difícil desde el cual huir. Ahora considere las oportunidades increíbles contra cualquier prisionero que pensara en escapar. Una de las maneras más comunes en que los prisioneros escapaban de los campos POW era cavando túneles.

Los prisioneros cavaban túneles secretos bajo la tierra para salir del campo.

Este campo no sólo dificultaba la construcción de los mismos, sino que lo hacía imposible. Las barracas de los prisioneros estaban construidas por encima de la tierra de modo que los guardias pudieran detectar con mayor facilidad cualquier actividad de construcción de túneles. El campo también estaba ubicado en un área con un subsuelo arenoso de color amarillento que se veía fácilmente si se cavaba, porque el suelo superficial era de color grisáceo. Era fácil de reconocer si se veía en la ropa de un prisionero o apilado sobre la tierra. Además, es muy difícil trabajar con la arena creando algún tipo de túnel estable. Los nazis también colocaron micrófonos sismográficos alrededor del campo para poder detectar los sonidos de cualquier construcción de túneles.

Entonces en 1943, «Big X» concibió un plan para que escaparan aproximadamente doscientos cincuenta prisioneros del campo. Su comisión secreta planificó tres túneles famosamente conocidos como Tom, Dick y Harry. Se seleccionaron cuidadosamente las entradas a los túneles para mantenerlas ocultas de los guardias. Para que permanecieran sin ser detectadas por los micrófonos perimetrales, los túneles se cavaron a diez metros debajo de la superficie, una profundidad increíble.

Los túneles eran muy pequeños, medían sólo setenta centímetros de diámetro. Para estabilizarlos, los prisioneros gradualmente salvaban trozos de madera de alrededor del campo, en su mayoría los que servían de apoyo al colchón de sus camas. Los guardias nunca notaron que casi doce de los veinte listones de la cama de cada prisionero había sido quitados. Los prisioneros, incluso, construyeron cámaras de aire y áreas de montaje en los túneles. Lo más increíble de todo es que pudieron construir un vagón y un sistema de ventilación con bombeo de aire, y que lo unieron a la rejilla eléctrica del campo para que los túneles estuvieran iluminados. La distribución de la tierra y la arena que quitaban se realizaba colocándolas en medias viejas que los prisioneros usaban en sus pantalones y que esparcían cuando caminaban por ahí. Comúnmente, colocaban la arena descolorida debajo del suelo del jardín mientras los prisioneros se encargaban de la jardinería. Cuando el desecho se volvió casi imposible debido al volumen y al riesgo de que los guardias los atraparan, los prisioneros comenzaron a usar uno de los túneles como depósito para más tierra.

Finalmente, al cabo de un año, se completó el túnel llamado Harry. Así que el Gran Escape se programó para el 24 de marzo de 1944. Poco sabían los prisioneros que su túnel se había quedado corto respecto de su destino para llevarlos a la seguridad. De los setenta y seis hombres que ingresaron al túnel, setenta y tres fueron atrapados por los guardias alemanes, cincuenta fueron ejecutados, veintitrés regresaron a los campos de prisión y sólo tres pudieron escapar.

El resultado y las repercusiones derivados del intento de fuga, sin embargo, fueron la gran victoria de esta historia. Los investigadores de esta escena se impresionaron al descubrir cuán sofisticada e involucrada había sido esta operación, y que había sucedido bajo su estrecha mirada. No podían creer la magnitud del plan y que hubiera sucedido durante más de un año sin ser descubierto. Las estadísticas señalan que faltaban 4,000 tablones de las camas, además de 90 literas dobles. Los prisioneros usaron 52 mesas, 34 sillas, 1,699 cobijas y 246 regaderas, junto con otros elementos que los guardias nunca advirtieron que faltaban en ese momento. Después de la guerra, casi todos los miembros de la Gestapo que habían ejecutado a los fugitivos recapturados fueron a su vez sometidos a juicio por crímenes de guerra durante el conocido juicio de Nüremberg ejecutado por el gobierno británico.*

Estoy compartiendo el breve resumen de esta historia increíble, bien conocida como el Gran Escape, para demostrar qué colocó Dios en cada ser humano: La determinación de conquistar, incluso cuando algo parece inconquistable. Por supuesto, hubo muchos escapes POW notables durante la Segunda Guerra Mundial, pero al mirar de cerca éste, le ayudará a ver qué se puede hacer si estamos resueltos a levantarnos de nuestras imposibilidades. Usted y

---

* F. Fedorowicz, «Stalag Luft 3: The Great Escape», traducido por A. Strukowska, investigación provista por Rob Davis, http://www. b24.net/pow/greatescape.htm (consultado el 19 de febrero de 2008).

yo no hemos nacido para aceptar las circunstancias negativas de la vida así como se nos dan. Hemos sido creados por el Dios viviente para tomar cada área de esclavitud espiritual y debilidad, y decidir nuestro día de avance y nuestro momento para el cambio.

Usted debe decidir

Si quiere levantarse del polvo y las cenizas de la severa desilusión del pasado, o incluso de un problema del presente, entonces usted *debe* decidir cuál es el momento para el cambio. No puede simplemente esperar y desear «sentirse» mejor algún día.

He encontrado muy pocas historias donde esto fue así. Teníamos una jovencita en nuestra iglesia que sufría de una profunda depresión. Lo único que había planeado para su futuro era el suicidio. Se había dañado a sí mismo y oraba por morirse. Suponía que Dios estaba furioso con ella, entonces pensaba que no valía la pena vivir. Más tarde, me testificó que no estaba segura de cómo Dios la cambió. Reconoció que estar en una buena iglesia con gente que la amaba y la ayudaba era un factor primordial. Pero ella decía que Dios la había cambiado y que, con el transcurso del tiempo, se había dado cuenta de que ya no quería morir. Simplemente se había sentido mejor un día.

Sí, es posible que Dios lo cambie para que un día simplemente se sienta mejor. Realmente, Él lo hace por todos nosotros mientras nos ayuda a ver la vida a través de sus ojos. Aún esta joven tenía que tomar algunas decisiones. Debía permanecer con la gente que la amaba —su familia y una buena iglesia— de quienes había escapado. Así que aunque Dios la había cambiado, ella jugaba un papel en su propia sanidad. Ingresó en su momento de cambio. El camino hacia el cambio requiere que usted camine hacia él.

Usted será quien decida cuándo quiere cambiar y salir. Usted tendrá que resolver cuándo desea dejar de sentir resentimiento sobre su crianza o desilusión sobre una oración que aparentemente no fue respondida. Usted tendrá que decidir cuándo ha tenido suficientes sueños deshechos.

Isaías 52:1–2 es un pasaje de las Escrituras poderoso y profético que detalla cómo puede decidir su momento de cambio. Dice: «Despierta, despierta, vístete de poder, oh Sion; vístete tu ropa hermosa, oh Jerusalén, ciudad santa; porque nunca más vendrá a ti incircunciso ni inmundo. Sacúdete del polvo; levántate y siéntate, Jerusalén; suelta las ataduras de tu cuello, cautiva hija de Sion». El mensaje de estos versículos está dirigido a nosotros: La Sion espiritual, la Jerusalén espiritual. Advierta que deposita la mayor responsabilidad de una vida de liberación y victoria en qué *decidimos* hacer. Nos dice específicamente que debemos sacudirnos «del polvo». Esa es una parte que nunca me gusta oír. ¿Y a usted? Cuando me siento desilusionada y frustrada respecto de algo en mi vida, particularmente no me siento facultada para «sacudírmelo» de encima.

> Usted y yo no hemos nacido para aceptar las circunstancias negativas de la vida. Hemos sido creados por el Dios viviente para tomar cada área de esclavitud espiritual y debilidad, y decidir nuestro día de avance y nuestro momento para el cambio.

Uno de los mayores campos de batalla en esta área está en nuestra mente y en nuestras emociones, algo que trataremos más adelante en detalle. La clave está en que cuando el detalle, las personas y las circunstancias se han interpuesto de algún modo con su vida, usted debe tomar la iniciativa de sacudirse libre de ellos. Dios está allí ayudándolo y haciendo milagros para usted, pero no servirá de nada si usted se niega a abrazar hoy día como su momento de cambio.

Por ejemplo, ¿alguna vez trabajó en un proyecto o arduamente en algo que realmente quiso hacer, pero que al final se sintió infeliz por los resultados? Entonces persona tras persona pueden venir y decirle qué maravilloso trabajo hizo y cuán genial fue, pero en lo profundo de su ser usted no lo cree. Aunque valora los elogios, simplemente no ve lo bueno de su trabajo terminado. Lo mismo ocurre con lo espiritual. Si nos negamos a vernos salir del cautiverio, entonces incluso Dios no puede ayudarnos a encontrar un avance. Él puede darnos promesas, palabras proféticas, amigos e incluso un buen pastor, pero nosotros seguimos respondiendo de acuerdo a un área de fracaso o disfunción.

Los hijos de Israel tuvieron esa misma dificultad. Independientemente de cuántos milagros, señales y maravillas Dios hizo por ellos, no pudieron verse más que como esclavos y, como resultado de ello, cualquier circunstancia los esclavizaba. Nunca pudieron esperar a que la provisión de Dios estuviera disponible cuando la necesitaban.

Si tiene una mentalidad cautiva, tal vez en una o en muchas áreas, no se levantará para sacudirse el polvo. Nunca verá que su momento de cambio está justo frente a usted. En cambio, se encontrará quejándose y revirtiendo a una visión negativa o a un método de resolución previo. Se sentirá atrapado por quién ha sido siempre en su vida. Así que ¿cómo llega al punto en el que puede sacudirse y ser libre e incluso saber cómo levantarse del polvo? Creo que los versículos que leemos en Isaías 52:1–2 revelan un proceso paso a paso que le ayudará a saber cómo levantarse y decidir que ha llegado su momento de cambio.

«Despierta, despierta.»

Lo primero que debemos hacer es ver las áreas que queremos que cambien en nuestra vida y admitir su existencia. No podemos fingir que no están allí con la esperanza de que desaparezcan por sí solas algún día. Si tiene una preocupación, admítala. Si es perezoso, reconózcalo. Ya se trate de pobreza, enojo, adicción, depresión, deuda, desaliento, orgullo, enfermedad, celos, resentimiento o tristeza, véalo y sepa qué debe abordar. Sepa exactamente contra qué está peleando.

«Vístete de poder, oh Sion.»

Hacer esto significa que se prepara para la guerra. Ahora que sabe cuál es el problema, se requiere que se vista para la guerra. Esto no significa que siempre tenga ganas de hacerlo. No siempre tengo ganas de levantarme y vestirme por la mañana, pero lo hago de todos modos. A veces es cuestión de dar un paso por vez hasta que me oriento. Usted también puede que deba comenzar a colocarse su armadura celestial pieza por pieza (Efesios 6:11-18). La clave es mantenerse en un estado de guerra contra las cosas que usted quiere que cambien. Hábleles, ate su poder y declare que usted es victorioso.

> Nuestras palabras descuidadas con frecuencia son una de las raíces principales de pecado que contribuyen a nuestro cautiverio.

«Vístete tu ropa hermosa, oh Jerusalén, tierra santa.»
Su ropa hermosa representa la decisión de vivir un estilo de vida santo. ¿En qué cosas ha estado involucrado que pudieron conducirlo a algún tipo de cautiverio en su vida? Eso no significa que usted fue responsable de todo, sino que significa que debe separarse de hábitos pecaminosos, sin importar cuán grandes o pequeños puedan parecer. Por ejemplo, nuestras palabras descuidadas con frecuencia son una de las raíces principales de pecado que contribuyen a nuestro cautiverio. (Ver Santiago 3:6.) Cuando se «han metido con usted», siempre elija la santidad, siempre.

«Porque nunca más vendrá a ti ni incircunciso ni inmundo.»
Esto significa que usted debe tener fe en que sus días de lucha e invasión por parte del diablo han terminado. Eso no significa que Satanás no intentará atacarlo. Pero sí significa que a partir de ahora usted estará sereno para ponerse de pie y resistir en el poder de Dios. Puede que haya sido engañado y atrapado fuera de guardia en el pasado, pero ahora debe confiar en las promesas de Dios de que Él no permitirá que las obras inmundas y malignas del diablo lo invadan sin advertirle. Puesto que Dios ha hecho esa promesa, crea que es verdadera para usted personalmente.

«*Sacúdete del polvo.*»

Sacudirse significa que ha recobrado el sentido. La Biblia dice que el hijo pródigo tuvo que recobrar el sentido luego de vivir un período de engaño (Lucas 15:17). Llega un punto en el que usted toma una decisión crucial de que no vivirá bajo las condiciones actuales, independientemente de cómo le llegaron a usted. Significa ver su situación tal como es y no basada en sus sentimientos. Puede significar que deba perdonar y liberar por completo a alguien que lo haya herido, o que deba resolver andar en un estilo de vida diferente. Como sea, usted deberá ser alguien que «se sacuda» si va a levantarse del polvo que Babilonia dejó atrás.

«*Levántate y siéntate, oh Jerusalén.*»

Salir de su cautiverio significa que primero tiene que levantarse de su lugar. Si está situado en medio de deudas y pobreza, tiene que levantarse de allí. Deberá buscar maneras de vivir que no reflejen el estilo de vida de la carencia. Puede significar que tenga que encontrar un lugar nuevo para vivir. Eso no significa que deba ejercer una presión financiera sobre sí mismo para hacerlo, sino que dé un paso de total transformación, tanto espiritual como físicamente. Trabaje por ello todos los días. Ahora es la parte de "levantarse y sentarse". Quiero que lo comprenda bien. Es la parte que lo hace «sentarse» en un lugar nuevo. Usted tiene que sentirse cómodo con un nuevo estilo de vida y una forma de vida. Esto puede resultar difícil de hacer porque, en nuestra naturaleza humana, nos volvemos muy seguros con la forma en que hemos hecho las cosas durante años, incluso si las hicimos terriblemente mal. «Sentarse» lo lleva de vivir en una choza a vivir en un palacio. Este es un proceso de aprendizaje, pero comienza con la decisión de «sentarse» en un lugar flamante y nunca regresar.

«*Suelta las ataduras de tu cuello.*»

La Nueva Versión Internacional muestra esta parte del versículo 2 de manera muy poderosa. Dice: «¡Libérate de las cadenas de tu cuello!». Una cadena en su cuello habla de cualquier cosa que le cause una carga. Si ha sido esclavo de una cadena en Babilonia, deberá ser el que se la quite, ¡no Dios, sino usted! Cuando somos esclavos de algo o experimentamos una prueba, siempre hay cosas que debemos quitar para salirnos de ella. Puede ser un hábito o una mala actitud. Pueden ser cosas materiales o una relación, pero habrá cosas que deberá remover para ser libre. Cosas que antes lo sostenían y le daban un sentimiento de comodidad ahora las deberá dejar. ¿No es eso lo que Jesús quería del joven gobernante rico? Él quería entregarle las cosas de las que dependía para poder aprender la nueva forma de la fe. Estar dispuesto a realizar cambios a largo plazo a fin de tener libertad en el Espíritu (ver 2 Corintios 3:17). La verdadera transformación es cuando uno elige su momento de cambio al realizar cambios en su vida.

El bebé que no vivió

En el verano de 2000, una maravillosa pareja de nuestra iglesia estaba embarazada y lista para tener a su primer hijo. Son personas que sirvieron al Señor con lealtad durante muchos años, que están comprometidas con la iglesia y que trabajan arduamente para el reino del Señor. Entonces, en las primeras horas de una mañana de julio recibimos un llamado anunciándonos que había dado a luz a un bebé a término pero que no le habían encontrado los latidos del corazón. Se hicieron intentos desesperados por resucitar al pequeño, pero no pudieron salvarlo. Corrimos al hospital, haciendo todo lo que sabemos hacer en cuanto a la oración, sin obtener nada. El bebé no vivió.

> Puede que haya sido engañado y atrapado fuera de guardia en el pasado, pero ahora debe confiar en las promesas de Dios de que Él no permitirá que las obras inmundas y malignas del diablo lo invadan sin advertirle.

Todavía puedo ver con claridad la sala del hospital como si hubiera sido ayer. Cuando entramos a la habitación, recuerdo haberlos visto sentados, cargando a su niño sin vida. Nuestros corazones estaban destrozados. Sus gloriosas vidas cristianas se habían dado vuelta y se habían hecho pedazos por esta tragedia inesperada.

Los días que siguieron nos pusieron a prueba a todos, más allá de toda medida. Pusieron a prueba nuestras creencias, nuestros valores y nuestras actitudes. Como sus pastores, mi esposo y yo cuestionamos nuestras habilidades de liderazgo. ¿Dejamos a las personas sin preparar? ¿No les enseñamos una buena doctrina o incluso no los ayudamos a atravesar esto de la mejor manera posible? Incluso nos hallamos preguntándonos si realmente teníamos alguna unción o poder en cuanto a milagros. Esta familia, que también eran nuestros amigos, se encontraba con sus propias mentes enrollándose con dudas y preguntas. ¿Dónde estaba Dios, a quién amábamos tanto, y cómo podía permitir que pasara esto? La esposa intentó aferrarse a los versículos de las Escrituras que utilizaron tantas veces anteriormente para otras situaciones. Durante un tiempo breve pareció ayudarlos, pero dentro de sí había un gran dolor. Por supuesto, al tener un carácter genuino, el diablo y sus demonios también estaban allí para susurrar, mentir y provocar en nuestros oídos.

Esta preciosa dama que había perdido a su hijo se ofendió profundamente con Dios. Ella decía: «Señor, yo vivía bien, haciendo todas las cosas correctamente. ¿Cómo permitiste que le pasara esto a nuestro hijo?».

Encadenada por la angustia, permaneció en un lugar oscuro durante los dos años siguientes. Se imaginaba cómo podía ingresar a su auto y matarse en un accidente. Comenzó a odiar a su esposo y a la iglesia, y quería huir de todo eso. Las personas trataban de acercarse a ella y a su marido. La abrazaban y la amaban lo mejor que podían. Nunca se rindieron. Eso es lo que usted debe amar acerca de las personas de Dios. Podemos tener nuestros defectos, pero cuando uno se involucra con una buena iglesia, esas personas están ahí mismo para empujarlo a la victoria y para amarlo durante sus peores pruebas.

El esposo de esta mujer la instó a ir a la iglesia y no le permitió abandonarse. La llevaba a todos los servicios, incluso cuando parecía que remolcaba a una zombi. Sus ojos eran oscuros y su rostro era frío como una piedra. Y ella sólo se quedaba sentada mientras que el resto de la congregación adoraba a Dios.

¡Alabado sea Dios por la determinación de su esposo! Este hombre siempre cantaba con el equipo de adoración, y semana tras semana yo solía preguntarme qué sucedía dentro de su mente mientras la veía sentada allá desde el escenario. Ella se cerraba ante todo el mundo que la rodeaba, y parecía no importarle qué pensaba o hacía la gente. Esto sucedió mes tras mes, y sentimos esa desgracia.

Estas son las situaciones en las que la vida se vuelve real. Todo lo que usted cree y defiende ha sido invadido, y tiene que decidir a dónde se dirige desde dónde está. Las emociones pueden ser tan fuertes que se torna físicamente enfermo por ellas. Lo que ella originalmente vio a través de su catástrofe era como una herida que era inconquistable. Finalmente un día su esposo le dijo: «Ha llegado el momento de cantar nuevamente».

Ella luego me dijo: «Eso era lo último que quería hacer, pero lentamente comencé a intentar cantar». Había momentos que como pastores, mi esposo y yo la ministramos y le dimos palabra del Señor, pensando que no la ayudaban. No lo sabía en ese momento, pero más tarde ella dijo: «Pastora Brenda, comencé a hacer las cosas que el Señor me dijo en esas profecías. Usted me dijo que afirmara en mí el saber que 'todo está bien con mi alma', como dice el viejo himno. Era muy difícil seguir todo lo que usted me decía, pero *decidí* intentarlo». Me dijo que fueron esos pasos muy básicos del canto, de agradecerle a Dios y de permanecer en la iglesia lo que la hizo cambiar. Esas cosas no solucionaron nada de forma inmediata, pero dio pasos hacia su momento de cambio. Esas simples *decisiones* la llevaron de nuevo hacia Dios hasta que se dio cuenta de que no tenía otra opción que confiar en Jesús nuevamente, y decidió que había llegado su día de cambio.

Hoy día, es una de las guerreras de la oración más resueltas de nuestro ministerio. Nada se interpone en su camino. Le digo la verdad, ¡el infierno teme verla acercarse! Si necesita una sanidad, ella está resuelta a que usted se sane. Si necesita una oración, obtendrá de ella una explosión del cuarto del trono. Luce tan hermosa, su rostro brilla con la gloria de Dios, y hoy le diría: «No necesita a Dios para que le dé todas las respuestas, sólo necesita amar a Dios sin condiciones. Si avanza hacia Él, sin importar cuán duro sea, Él le mostrará que siempre es bueno, y que sus promesas son siempre verdaderas».

Cuando su vida se hizo pedazos, esta mujer pudo haber elegido permanecer donde estaba, pero eligió creer en el Señor. Sí, ella escogió su momento de cambio.

Voy a ver al rey

Nehemías también tuvo que tomar su propia decisión para el cambio. Cuando recibió el mal informe de sus amigos acerca de su hogar, no pudo vivir el resto de su vida sufriendo por el dolor que esto le causaba. Sí, el dolor era real, se habían perdido y destruido lugares y cosas de sus recuerdos, y se había robado su herencia, pero no podía dar marcha atrás. Tenía que hacer algo de inmediato. Así que decidió ir a ver al rey (Nehemías 2:1-8). ¡Fue directamente a pedirle ayuda al rey!

Desde un punto de vista realista, Nehemías no tenía ninguna garantía de que algo bueno pudiera ocurrir al visitar al rey con respecto a su problema. Después de todo, el rey de entonces era Artajerjes, un gobernante babilónico. Podía enfrentarse a un oído indiferente y no relacionarse con la tragedia del corazón de Nehemías.

Usted podría estar diciendo: «Está bien, nadie comprende por lo que estoy atravesando. ¡Nadie ha experimentado la magnitud de mi problema!». Uno de los mayores engaños del diablo es hacerle creer que usted está totalmente solo y que nadie lo comprende. Pero nada está más lejos de la verdad. Y esa mentira hace que la gente abandone a su familia, a sus amigos y a sus iglesias, abortando así todo su destino con Dios. Las personas se escapan porque piensan que a nadie le importa ni pueden tener afinidad con su problema. Algo que hago cuando me siento deprimida por alguna dificultad de mi vida es recordarme que mucha gente ha pasado por cosas mucho peores. Me ayuda a ver que esta situación es conquistable. Recuerde, la vida de todos ha pasado por momentos en que ha sido hecha pedazos. Por cierto, su situación puede estar compuesta por elementos únicos, pero esté seguro de que no está solo. Tal vez en este preciso momento no está en contacto cercano con alguien que lo comprenda por completo, pero sepa que alguien allí afuera sabe exactamente qué está enfrentando.

Cuando se sienta solo en su tarea de levantarse, comience por recordar a Jesús. Si Nehemías pudo responder a sus trágicos eventos yendo a ver al rey, nosotros debemos responder a cada prueba de nuestras vidas acudiendo a nuestro Rey: Jesús. La Biblia dice que no hay ninguna cosa que podamos experimentar que Él no pueda relacionar con el dolor: «Porque no tenemos un sumo sacerdote que no pueda compadecerse de nuestras debilidades, sino uno que fue tentado en todo según nuestra semejanza, pero sin pecado. Acerquémonos, pues, confiadamente al trono de la gracia, para alcanzar misericordia y hallar gracia para el oportuno socorro» (Hebreos 4:15–16). Ahora bien, ¡eso lo dice todo!

No obstante, tomando una revelación más esclarecedora de este pasaje de las Escrituras, vemos que la Biblia dice que Jesús experimentó todo lo que nosotros experimentamos.

No, Él podría no haber tenido las mismas pruebas que tiene usted, pero descubrirá que Él experimentó otras peores. Atravesó tantas cosas que al examinarlas hallará que sus problemas, en comparación, son probablemente más ligeros. Analicemos por un momento lo que sufrió Jesús, porque, si no somos cuidadosos, lo olvidamos. Lea esto cautelosamente porque apuesto a que usted no consideró unos cuantos puntos.

En primer lugar, Jesús sufrió la pérdida de un ser querido, su amado primo, Juan el Bautista (Mateo 14:1–13). Jesus provenía de lo que muchos considerarían una familia disfuncional, y, sin duda alguna, había rumores de que su madre había quedado embarazada fuera del matrimonio. Como usted sabe, las noticias vuelan por su pueblo natal. Jesús atravesó la traición de un amigo llamado Judas (Marcos 3:19). Ese mismo amigo, Judas, le robó su dinero, también era su tesorero (Juan 12:6). Enfrentó a las autoridades fiscales de Jerusalén de la época y se le requirió que pagara los impuestos (Mateo 17:24-27). Fue desacreditado por su propia familia y amigos como insano (Marcos 3:21). Fue tratado como impostor por la iglesia de la época, llamada la sinagoga (Lucas 4:28-29). Conocía el significado de estar solo y tentado a pecar durante cuarenta días seguidos durante un período en el que estaba debilitado por el hambre (Mateo 4:2-11). Experimentó los efectos climáticos suficientemente serios como para hundir un barco (Marcos 4:35-38).

> Uno de los mayores engaños del diablo es hacerle creer que usted está totalmente solo y que nadie lo comprende. Pero nada está más lejos de la verdad.

Jesús trabajó horas prolongadas, agotadoras, en su ministerio. Se levantaba temprano para orar, viajaba muchos kilómetros, predicaba y oraba por la gente todo el día y luego aún encontraba la energía para dedicarle tiempo a Dios por la noche. Se mintió tanto sobre Jesús que historias falsas sobre Él se difundieron como el fuego por toda la región. Incluso fue amenazado de muerte por personas muy influyentes de la comunidad. De hecho, periódicamente complotaban para eliminarlo, como el terrorismo de la actualidad. La mayoría de las personas nunca enfrentaron ese extremo nivel de odio. Tendría que decir que Jesús incluso entendió la amenaza de la violencia y el crimen organizado. Además, las personas se burlaban de Él (Marcos 5:40). Por supuesto, esta es sólo una lista parcial de lo que Él debió vivir en la Tierra, pero no termina acá.

Si no basta con lo que Jesús experimentó durante sus treinta y tres años en la Tierra, cuando comenzó el proceso de su crucifixión Él fue también torturado y maltratado. Fue golpeado tan severamente antes de ir a la cruz que casi no se lo podía reconocer como ser humano. Algunos relatos históricos cuentan que fue colgado de la cruz completamente desnudo. Lo escupieron, le arrancaron la barba y fue abofeteado y golpeado en el rostro (Mateo 26:67–68). Luego, lo ridiculizaron mientras le pegaban. Ahora bien, pienso que es el máximo de la humillación. Esto demuestra que Jesús sabe qué es sentirse maltratado, burlado y degradado. Él también comprende el pesar paralizante del dolor físico. Recuerde otro punto: Jesús también fue víctima de los malos actos de otras personas: ¡De los míos y los suyos! Él se convirtió en la víctima de nuestros pecados, y la Biblia dice que Él también aceptó todo el alboroto que vino con ellos (1 Pedro 2:24). Entonces, no sólo pudo superar sus propias pruebas, sino que también permitió cargar con nuestras cosas. ¿Alguna vez tuvo que tratar con sus propios problemas y luego, al mismo tiempo, ayudar a alguien más con los suyos? ¿Recuerda cómo lo aplastó más allá de cualquier medida? Jesús conoce todo sobre eso.

> Jesús sabe qué significa amar y perdonar a alguien, aun cuando no siempre se le reconoce ni se valora el esfuerzo.

Al agregar una cosa más a la lista, Jesús también sabe qué significa amar y perdonar a alguien, aún cuando no siempre se le reconoce ni valora el esfuerzo. Él cedió su lugar glorioso en el cielo para venir a la Tierra y amar a las personas que realmente no lo querían.

Puesto que estoy segura de que ahora estamos convencidos de

que Jesús puede sentir afinidad con nuestras situaciones, habiendo tenido sus propias experiencias, quiero traer a colación otro aspecto de su sufrimiento que tal vez usted todavía no ha considerado. ¿Alguna vez se detuvo a pensar que puesto que Jesús es Dios, Él conoce y ve todo? Desde antes del inicio de esta tierra Él ha visto cada detalle de la existencia (ver Juan 8). Eso significa que Él ha sido testigo de cada asesinato, cada violación, cada mentira y cada traición desde el inicio de la Tierra hasta ahora. Esas son muchas cosas malas. Ha oído el llanto de cada niño secuestrado y ha visto todos los corazones que sufren. Entonces, al ver todas las innumerables guerras, actos de ocultismo, tiranías, accidentes, muertes y males, Jesús nunca perdió su alegría ni su capacidad de gobernar la Tierra. Nunca abandona a la gente que ama ni deja de ver un futuro positivo. Con razón la Biblia dice sobre Él: «Mas del Hijo dice: Tu trono, oh Dios, por el siglo del siglo; cetro de equidad es el cetro de tu reino» (Hebreos 1:8).

Se lo digo en serio, Dios vio lo que Jesús logró y le entregó el cetro celestial ¡y lo llamó Dios! ¡Él es tan poderoso! Creo que usted estará de acuerdo conmigo en que ningún ser humano jamás enfrentó lo que enfrentó Jesús, ni nosotros podemos esperar jamás acercarnos a eso y seguir viviendo. Ahora usted puede comenzar a ver que su problema no es imposible de superar.

Siéntase seguro, Jesús sabe con qué cosas ha luchado en la vida y sabe cómo sacarlo de ello. Él le enseñará cómo hacerlo como lo hizo Él: Por medio de la fe y la unción de Dios. Él quiere sacarlo del cautiverio de Babilonia, pero quiere que mantenga el gozo y que lo deje acompañarlo a través del proceso, llevándolo a un lugar nuevo de Sion. Créame, habiendo pasado por todo eso, Él *sabe* exactamente qué está haciendo. Sólo debemos creerle.

> Por tanto, teniendo un gran sumo sacerdote que traspasó los cielos, Jesús el Hijo de Dios, retengamos nuestra profesión. Porque no tenemos un sumo sacerdote que no pueda compadecerse de nuestras debilidades, sino uno que fue tentado en todo según nuestra semejanza, pero sin pecado.

> Acerquémonos, pues, confiadamente al trono de la gracia, para alcanzar misericordia y hallar gracia para el oportuno socorro.
>
> —HEBREOS 4:14–16

Este pasaje de las Escrituras nos dice que Jesús comprende su problema y que usted puede ir con valentía a su trono de rey. En otras palabras, vaya con confianza al cuarto del rey y espere que Él oiga y se relacione con usted. No vaya a quejarse, sino que vaya como Nehemías cuando fue esperando un milagro. Incluso si lo que está atravesando hoy día lo tiene atascado sobre cómo debe orar, vaya valientemente y hable con el Señor sobre eso, no en forma descortés, sino con seguridad.

«Acerquémonos con corazón sincero (honesto), en plena certidumbre de fe (por aquella inclinación de la personalidad humana acerca de Dios en confiar absolutamente en su poder, sabiduría, y bondad)...» (Hebreos 10:22, énfasis agregado). En resumen, cuando se encuentre en problemas, no huya de Dios, ¡corra hacia Él! Él sabe por lo que usted está pasando. Sabe lo que está sintiendo. ¡Vaya a su Rey y observe qué puede hacer por usted!

Prepárese hoy mismo para el cambio

Si va a visitar al Rey para hablarle acerca de su situación, entonces asegúrese de que está preparado para recibir la respuesta. A veces, oramos cosas y vivimos como si la respuesta la recibiéramos dentro de una década. Hace años, durante algunos de nuestros mayores años de lucha financiera, estábamos visitando al Rey por muchas cosas. Sin embargo, obedecíamos a Dios con nuestros diezmos y hallando todo camino para plantar otras semillas financieras.

Estábamos declarando la respuesta y esperando milagros. Básicamente estábamos haciendo todo lo que sabíamos hacer. En ese entonces debíamos usar nuestra fe para creer en nuestros alimentos básicos. Estoy segura de que usted puede identificarse con eso también.

Un día, mientras estaba en casa, recibí un llamado telefónico de alguien que dijo que tenía algo de comida para nosotros. Ahora bien, según mi conocimiento, nunca le habíamos dicho a esa persona cuánto dependíamos de las promesas de Dios para nuestras necesidades cotidianas. Esta persona vivía en una granja y procedió a decirme que tenía dos grandes neveras llenas de carne para traernos de una vaca que habían carneado. Luego me preguntó: «¿Cuándo puedo pasar?».

> Si va a visitar al Rey para hablarle acerca de su situación, entonces asegúrese de que está preparado para recibir la respuesta.

Por poco cometo una tontería. Casi digo: «No contamos con un lugar para guardar tanta carne porque sólo tenemos un pequeño congelador en nuestro refrigerador y está lleno de hielo». ¿Puede creerlo? ¡Eso es lo que le provocará el cautiverio! ¡No podrá ver la bendición por las cadenas!

¡Vaya, casi lo arruino todo! En realidad comencé a excusarme por teléfono con esta persona porque no podía colocar la comida en el congelador. Así que él me dijo: «¿Acaso la Biblia no dice que recibirás bendiciones que no tendrás espacio para recibir?» (ver Malaquías 3:10).

Respondí: «Sí, en realidad, lo dice».

Esta persona continuó diciendo: «Entonces es mejor que empieces a hacer espacio en ese congelador porque voy para allí». Era tanta la carne que tuvimos que buscar otro congelador para guardarla toda. Tuvimos que usar una tarjeta de crédito para comprar un congelador porque, en ese momento, no contábamos con efectivo suficiente para adquirirlo. Pero la carne que había en ese congelador alimentó a nuestra familia durante un tiempo prolongado, y más de una vez alguien nos bendijo con un bife para llenarlo.

Habíamos estado orando durante meses por un avance y por provisión, pero cuando llegó, ¡no estábamos preparados para ello y casi lo rechazamos! Si va a dar un paso en su camino hacia el cambio, debe comenzar a prepararse ahora mismo. Si está esperando que Dios le provea de ropas nuevas, entonces debe quitar algunas de su ropero para hacer espacio. Si está orando por tener un auto nuevo, entonces limpie el garaje para tener un lugar dónde aparcarlo. ¡Viva como si su momento de cambio comenzara hoy, no algún día!

Nehemías tenía una actitud de «hoy». Cuando sólo podía haber tenido esperanzas, pasaba a la acción. Mientras hacía planes para visitar al rey, oraba una oración de «hoy». En Nehemías 1:11 dijo: «… Concede ahora buen éxito a tu siervo, y dale gracia delante de aquel varón». ¿Qué día esperaba que Dios le concediera buen éxito? Él lo esperaba «este día», hoy. Como resultado de ello, desarrolló un plan para prepararse.

A veces, esperamos que Dios nos revele su plan a través de un método espectacular. Y sí, en ocasiones así es como lo hará Dios. Nehemías oró, sin embargo, e *inmediatamente* desarrolló un plan de juego. No contamos con ningún registro sobre que Dios siquiera le dijera qué hacer. Aunque Dios le dé instrucciones, y usted tiene que ser sensible a oírlas y esperarlas, no puede tener la mentalidad de no hacer nada. Si ora y se encomienda a la voluntad de Dios, entonces Él lo guiará mientras usted sale y hace una movida por fe, creyendo que Él proveerá. Significa hacer algo hoy que lo prepare para ingresar a su momento de cambio.

Advierta que Nehemías acudió al rey y le presentó un plan. Él tomó la iniciativa. Pidió el apoyo del rey y le solicitó que le otorgara una liberación para ir a reconstruir lo que fue destruido (Nehemías 2). Mientras espera un milagro, no ore simplemente y espere que algún día llegue. Comience a planificar como si su momento de cambio fuera ahora. Eso no significa que tiene que tomar medidas drásticas, como mudarse al otro lado del país. Lo que sí significa es que eche una ojeada sincera a lo que puede hacer para prepararse para algo nuevo. ¡Puede ser tan simple como comprar un congelador!

Si lo que usted está esperando es un avance financiero, entonces un buen lugar para empezar es aprendiendo algunas habilidades de gestión financiera básicas. Aprenda a conciliar adecuadamente su cuenta de cheques y comience asegurándose de dar diezmos y ofrendas. Esa es una manera sencilla de demostrarle al Señor que usted se está preparando hoy día para su momento de cambio.

> Si va a dar un paso en su camino hacia el cambio, debe comenzar a prepararse ahora mismo. ¡Viva como si su momento de cambio comenzara hoy, no algún día!

¿Recuerda la historia de 2 Reyes capítulo 7, que cuenta acerca de los cuatro leprosos? Había una tremenda necesidad en la tierra y ellos tenían hambre. Evidentemente, siendo leprosos, estaban en las afueras de la ciudad, pero sabiendo que había hambruna y que por su estado iban a morir, trazaron un plan. Pronunciaron las famosas palabras: «¿Para qué nos estamos aquí hasta que muramos?» (v.3). En otras palabras, decidieron que si sólo permanecían fuera de la ciudad y no hacían nada, por cierto morirían de hambre. Si hacían algo acerca de su situación ahora mismo, podían tropezar con algo para comer. En su plan decidieron que la única comida estaba en el campamento de los sirios. Ir allí constituía un riesgo, porque el ejército sirio podía asesinar instantáneamente a estos parias leprosos. Pero ellos razonaron que de todos modos iban a morir, así que allí fueron.

Advierta que no esperaron. La Biblia dice que fueron ese mismo día tan pronto como se ocultó el sol (v.5). No esperaron al día siguiente; decidieron que ese día era su día para obtener comida. Con el suficiente poder, cuando llegaron al campamento, estaba desierto porque el Señor había engañado a los sirios para que pensaran que estaban siendo perseguidos por un enemigo. Así que los leprosos se sirvieron comida y tesoros que los sirios habían dejado al huir. Entonces uno de los leprosos dijo algo poderoso: «Hoy es día de buena nueva» (v.9).

¿Qué hubiera pasado si se hubieran quedado sentados en el desierto y hubieran esperado un milagro? En cambio, ese mismo día se levantaron y fueron a buscar buenas noticias... y las encontraron. No sólo su decisión para prepararse para el cambio los sostuvo, sino que también fue el avance que necesitó el rey de Samaria para detener la hambruna. Cuando los leprosos le contaron al rey sobre el campamento, éste tomó caballos y capturó las tiendas de los sirios. ¡Decidir su momento de cambio no sólo lo bendecirá sino que también probablemente sea la respuesta a la oración para alguien más!

Al igual que los cuatro leprosos, debemos ir en busca de las buenas nuevas en lugar de sólo ensayar lo que ya ha pasado. Cuando las personas han experimentado mucho dolor y confusión, con frecuencia se preparan para que siga sucediendo lo peor. Por eso tantas personas viven con temor a una tragedia o enfermedad potencial. Nuestra cultura nos enseña a prepararnos para lo peor. De eso tratan los seguros: Planear para un mal día.

Ahora bien, no estoy diciendo que no deba tener seguros o ahorrar dinero o ese tipo de cosas. Vivimos en un mundo de tribulación en el que el diablo intenta atacar y afligirnos. Por lo tanto debemos ser buenos administradores de nuestros recursos para poder estar de pie en el día de la maldad. No viva con la mentalidad, sin embargo, de que todo el tiempo se está «preparando para lo peor». Como aquellos leprosos, comience a buscar el día de las buenas noticias, comience a prepararse para lo mejor. Así es como debe prepararse para su momento de cambio.

Ya no hay más brócoli

Hace varios años, compramos una casa que tenía un pequeño terreno detrás porque el dueño anterior había sido criado en una granja y le gustaba la jardinería. Me entusiasmaba probarlo. Mis padres tenían algunos jardines cuando yo era niña, así que pensé que sería sencillo. Puesto que nos mudamos durante los meses de verano, no tuvimos oportunidad de plantar nada el primer año, pero hice grandes planes para el verano siguiente. A mí me gusta cocinar. Disfruto de ese rato de soledad mientras creo comida en la cocina al final de un día ocupado.

El primer día fuimos a inspeccionar el terreno y a prepararlo para plantar, había unos 35° C. En ese momento, la tierra era dura como una piedra y estaba cubierta de malezas. Mi esposo respondió a la situación diciendo: «No quiero hacer esto, y creo que deberíamos olvidarlo».

> Cambiar a lo nuevo viene con nuevas responsabilidades. Son aquellos primeros pasos de cambio los que podrían hacerlo correr de regreso a Babilonia, donde la vida era más fácil.

Mi respuesta fue: «¡De ninguna manera!». ¡Y estaba resuelta. Nunca se interponga en el camino de una mujer resuelta, como estarán de acuerdo muchos esposos. Para el hombre, una mujer resuelta respecto de un proyecto, se traduce en trabajo, en mucho trabajo. De todos modos, él quería esperar a un día más fresco, pero eso no iba a funcionar para mí. Yo quería un huerto y lo quería ahora.

Así que tomamos las palas y comenzamos a cavar. Quiero decir, parecía que intentábamos cavar el Gran Cañón. Siempre me imaginé esta tierra como uno la ve en televisión, toda húmeda y marrón oscura dónde fácilmente la puede escabullir por sus manos y dejarla caer entre sus dedos. Luego de haber cavado una pequeña área, de un 1.20m x 1.20m, sólo obtuvimos grandes matas del tamaño de la pala con grama y yuyos pegados por todas partes. Era horrible. Mi esposo entró en la casa y me dejó trabajando sola. Pensándolo bien, no lo culpo, pero cuando una mujer está resuelta, cuídese.

Permanecí allí durante un rato, pero luego de varias horas de estar bajo el rayo de sol, debí abandonar. Mi esposo llamó a alguien de nuestra iglesia que nos informó que podíamos rentar un arado. Por supuesto, no sabíamos cómo usarlo porque en nuestra casa somos el tipo de personas que nunca colgó un toallero.

Así que encontramos a alguien que fue lo suficientemente amable como para arar la tierra por nosotros.

¿Se da cuenta de que preparar la tierra para una temporada de crecimiento es la parte más difícil? Allí es donde está toda la resistencia. Por eso tantas personas arrojan sus palas y pasan a otra cosa. No es sencillo ser dueño de un coche flamante cuando ha estado conduciendo un vehículo oxidado durante los últimos diez años.

De repente con un auto nuevo usted tiene un posible pago mensual, necesita seguro (a veces muy caro), tiene que pagar los impuestos y su mantenimiento, tiene que pensar en buenos lugares para aparcar para que no lo choquen, y tomarse el tiempo de lavarlo y pulirlo todos los fines de semana. Con el auto viejo a usted no le importaba dónde estacionaba, qué lo salpicaba, o cuán limpio lucía. Cambiar a lo nuevo viene con nuevas responsabilidades. Son aquellos primeros pasos de cambio los que podrían hacerlo correr de regreso a Babilonia, donde la vida era *más fácil*.

Ahora nuestro huerto está listo para ser plantado. Intenté plantar semillas en aquellas pequeñas vasijas de la casa. Las vasijas de turbera pequeñas. Decidí que las semillas eran más baratas que las plantas que ya estaban creciendo, así que para ser frugal, opté por las semillas. No creció nada. Después de semanas de que no sucediera nada y de que transcurriera la temporada de plantación, boté las vasijas en la basura y fui a comprar los plantines.

Seguíamos entusiasmados con nuestra huerta. Quiero decir que compramos zanahorias, morrones verdes, brócoli, rábanos, melones y cebollas. Si se lo podía sembrar, lo comprábamos y lo plantábamos. Incluso puse un par de plantas de clavel porque pensé que quedarían bien. Les pusimos una tarjeta adhesiva con los nombres de las plantas y las cultivamos. ¿Sabe que empezaron a crecer y los vegetales comenzaron a aparecer? Estábamos muy entusiasmados. Casi no podía esperar a mi primera cosecha. Por primera vez, vi en realidad cómo luce el brócoli cuando va creciendo en la planta.

Luego, una mañana fuimos a verificar cómo estaba nuestro

pequeño huerto y recibimos un choque. No podíamos creer lo que veíamos. Todas las plantas salvo una o dos habían sido comidas por los conejos. ¡Incluso habían mordido la parte superior de los claveles! Nuestro hermoso huerto se había convertido en una ensalada antes de haberlo cosechado. Apenas pudimos salvar algunos morrones y unos pocos tomates. Los tallos de brócoli que nos entusiasmaban tanto habían desaparecido por completo. No es necesario decir que esa mañana dio por tierra con nuestro amor por la jardinería. Fue el primer y último año que dimos uso a ese pequeño espacio verde.

Al año siguiente plantamos, es cierto, plantamos semillas de césped. A estas alturas, no nos importó investigar cómo defenderlo de las pestes, los conejos o los niños que jugaban. No nos importó la temporada de crecimiento para el año siguiente. A partir de ese momento nuestro jardín se ubicó en el pasillo de productos de la tienda.

Cuando salga del pasado, sus primeros pasos hacia el cambio serán los más impactantes y desafiantes porque usted habrá aprendido a vivir de una manera diferente. Un momento de cambio ejercerá presión en su camino con Dios, desafiaría su resolución y será la parte más importante de la guerra. Los hábitos y los demonios del pasado no cejarán fácilmente en su territorio. Son como esas matas de tierra que no quieren que se les dé vuelta.

Como resultado de ello, muchas personas regresan al cautiverio de Babilonia porque prepararse para una nueva forma de vida puede llevarlos a sus límites, aunque sepan que hay una gran bendición tras ellos. Muchos cristianos preferirían seguir sin un avance que tener que luchar por uno.

Sin embargo, si quiere dejar atrás cualquier prueba o problema que lo está perturbando, entonces debe decidir su momento de cambio y estar dispuesto a defenderlo hasta que llegue el cambio. Ha llegado el momento de sacudirse el polvo y decir: «¡Basta ya! Hoy es mi momento de cambio».

«Vino también Nabucodonosor rey de Babilonia contra la ciudad, cuando sus siervos la tenían sitiada.»

[2 REYES 24:11]

[CAPÍTULO 3]

LIBERTAD DEL CAUTIVERIO

USTED CASI PUEDE OÍR EL SONIDO DE LAS PEZUÑAS haciendo vibrar la tierra que está por debajo de ellos, mientras se imagina una bandada de caballos tronando por el campo hacia la Ciudad Santa. Jerusalén, la ciudad de la paz, estaba por ser cambiada para siempre. Mientras las personas realizaban sus actividades cotidianas, probablemente poco supieran qué pasaba a la vuelta de la esquina, la tragedia que los llevaría a un terrible alboroto y desesperación. Debe haberse parecido a la mañana del 11 de septiembre, cuando las personas de Nueva York y del resto de los Estados Unidos iniciaron sus rutinas normales. Nada parecía estar fuera de lo común hasta que un momento en el tiempo dio vuelta al mundo. La ciudad de Jerusalén estaba por ser destruida.

Ahora bien, este no era simplemente un ataque, era un ataque sobre el pueblo de Dios por parte de uno de los reyes más traicioneros de la historia de la Biblia —Nabucodonosor, rey de la magnífica ciudad de Babilonia— y protagonista del gran imperio babilónico. Él era la figura de fuerza y temor en todo el territorio, un líder militar cruel que no se detenía en nada para castigar a los rebeldes que no se postraban ante sus deseos. No vacilaba ante ningún método de tortura, independientemente de quien fuera la víctima. Su corazón estaba dedicado a adorar al dios Merodac, y construyó un gran templo pagano en honor de su dios. Este rey se regodeaba en el orgullo y conquistaba territorios, y retrotrajo a Babilonia a sus anteriores años de gloria.

Este sitio del que se habla en 2 Reyes 24 no fue la única

invasión de Nabucodonosr a Judá. La había invadido en una serie de ataques en los doce años anteriores, cada vez deportando a muchos judíos a Babilonia. Sin embargo, probablemente el día más horroroso fue en agosto de 586 a.c. cuando aplastó los muros de Jerusalén, destruyendo todos los amados lugares de la ciudad, incluyendo el preciado sitio santo, el templo del Señor. Afligió a la gente, robó tesoros del templo e incendió la ciudad. Imagine los eventos, cómo todo lo que el pueblo conoció y amó se perdió para siempre. Ahora sus hijos iban a ser exiliados en una tierra de cautiverio, adoración pagana y esclavitud, salvo unos pocos que dejó atrás para luchar en las ruinas, bajo el ojo vigilante de un gobernante dejado allí para hacer cumplir su lealtad a Babilonia.

Estoy segura de que ya reconoce al espíritu maligno detrás de Nabucodonosor. ¿No le suena familiar al fundador original de Babilonia, Nimrod? El pueblo de Dios iba a conocer de primera mano qué significa vivir bajo el control del mundo. Iba a convertirse en su forma de vida, y todo lo que hicieran debería adecuarse a la cultura secular. Ya no podrían adorar al Dios viviente en el patio del templo. En cambio, se esperaría de ellos que se postraran ante los ídolos de la religión pagana del rey Nabucodonosor. Esta iba a ser la única forma de vida que conocerían sus hijos, la manera de Babilonia, la manera del mundo.

Cuando las personas han vivido de determinada manera durante un tiempo prolongado, forman mentalidades. Se acostumbran a determinadas cosas que al cabo de un tiempo consideran normales y aceptables, aún cuando sean terriblemente malas. Por ejemplo, ¿alguna vez ha tomado una resolución de Año Nuevo? Usted está resuelto a dar vuelta la hoja, pero al poco tiempo sus hábitos del pasado vuelven a acosarlo. Le hablan. No es hasta el día en que decide dejar las patatas fritas, que su boca se hace agua por cada sabor nuevo que sale a la venta. Luego las cosas se ponen tan mal que decide ir y comprarlas, para luego comerse toda la bolsa. Ahora bien, para mí son las patatas fritas, y disfruto cada mordisco delicioso. Para usted puede que sea otra cosa, pero la realidad es que su carne quiere quedarse en Babilonia aún cuando ésta lo está matando. Al cabo de un tiempo la cultura del mundo se torna en su cultura. Incluso en el Reino de Dios, debemos aprender a cambiar nuestras mentalidades anteriores si queremos liberarnos de un espíritu de cautiverio.

Puesto que Nabucodonosor fue el rey que conquistó al pueblo y lo llevó a la esclavitud, también se convertiría en la figura que representaba el cautiverio para el pueblo. Sus repetidos ataques a sus vidas fueron formando un patrón dentro de ellos. Era un patrón de terror, tormento y desvalorización, y probablemente les impedía tener alguna meta para el futuro. Nabucodonosor es una imagen del espíritu de cautiverio. Este espíritu lo inmoviliza a través del uso de pruebas, experiencias y eventos.

> Incluso en el Reino de Dios, debemos aprender a cambiar nuestras mentalidades anteriores si queremos liberarnos de un espíritu de cautiverio.

Alguien alguna vez acuñó la frase «la experiencia es la mejor maestra». Esto puede ser cierto, pero el problema es que la experiencia también puede enseñar cosas malas. Una persona que ha sido mordida severamente por un perro, incluso si fue sólo una vez, por lo general termina no amando a los perros. Las personas pueden tener todo tipo de temores y fobias por un mal sueño, un accidente o un evento trágico en sus vidas. A veces se trata de una serie de ataques, como fue el caso de las personas que Nabucodonosor seguía invadiendo. Conozco a cristianos que han orado sobre algo, y cuando la respuesta no se manifestó de la manera que esperaban, tuvieron temor de dar un paso al frente y confiar en Dios nuevamente de manera similar. Pueden funcionar bien en algunas áreas, pero eso los retiene. Algunos han orado por algún milagro de sanidad, pero luego vieron morir a alguien querido.

Cuando sucede algo así, la tendencia es que esa área en particular quede afectada para siempre en nuestra vida. Luego nos encontramos cambiando la verdad de la Biblia, la Palabra de Dios, y sus maneras, para que coincidan con nuestras «experiencias» personales. Esto puede ser sencillo de hacer sin siquiera darnos cuenta de que lo hacemos. Eso es lo que hará el cautiverio. Lo llamo el «espíritu de Nabucodonosor», o simplemente el espíritu de cautiverio. Es cuando la cultura o la experiencia le enseña una cosa que es por completo diferente de las maneras del Espíritu de Dios.

Una vez que un área del cautiverio se ha arraigado en su vida, comenzará a perder su sentido del propósito. Ahora bien, esto no puede afectar todo el propósito de su vida, aunque para muchas personas puede ser así de grave. Podría ser tan simple como el temor de volar en avión, a una vida por completo inundada por la ira y el abuso. Hay muchos cristianos cuyas vidas están hechas pedazos por un severo espíritu de cautiverio. Aman a Dios con todo su corazón, pero su pasado ha sido tan disfuncional y lleno de heridas que ahora no pueden romper algunos hábitos desarrollados por el pasado. Aún luego de haber despedido los demonios de ellos deben renovar sus mentes. En otras palabras, deben aprender una nueva forma de vida acorde a las maneras de Dios.

Por ejemplo, si su patrón al crecer fue que su padre nunca tuvo un buen empleo ni proveyó de una ganancia estable, entonces, sin darse cuenta, esos años en «Babilonia» pueden llevar a un plan de acción detallada de inconsistencia similar en usted. Se encuentra sin poder avanzar en la vida y por ende sintiéndose un fracasado sin metas sólidas que alcanzar. Así es como un espíritu de cautiverio intenta destruir su propósito. Usted ha aprendido algo que no está alineado con lo santo. Puede que los demonios hayan venido y se hayan ido, pero ya han hecho su trabajo sucio dejando una impronta permanente en usted.

Romanos 12:1–2 nos otorga discernimiento en cuanto a esta revelación y provee maneras prácticas con las que podemos cambiar estas mentalidades: «Así que, hermanos, os ruego por las misericordias de Dios, que presentéis vuestros cuerpos en sacrificio vivo, santo, agradable a Dios, que es vuestro culto racional. No os conforméis a este siglo, sino transformaos por medio de la renovación de vuestro entendimiento, para que comprobéis cuál sea la buena voluntad de Dios, agradable y perfecta».

Primero, Pablo ruega porque tomemos la seria decisión de mantener pura nuestra carne. Cualquier cosa a la que esté acostumbrada hacer su carne, usted debe hacerse cargo y decir que no. Puede tratarse de una seria adicción, o del mal hábito de chismorrear. Puede ser la necesidad excesiva de recibir constante atención o hábitos de derrochar. Según este versículo, es lo menos que podemos hacer por el Señor.

> Una vez que un área de cautiverio se ha arraigado en su vida, comenzará a perder su sentido de propósito.

Usted podría estar diciendo: «Quiero presentarme santo y no darle a mi carne lo que está acostumbrada a recibir, pero no parezco ser consistente». El versículo 2 le ofrece más ayuda. Nos dice que no nos conformemos al mundo. Eso significa que usted decida no jugar el juego del mundo. Usted se da cuenta de que Dios tiene un patrón diferente y que debe aprender a vivir según él. Esto es lo que significa ser transformado. Puede arrojar fuera de sí a los demonios, pero su mente debe cambiar lo que ha sido sentirse seguro creyendo y gravitando hacia eso. La Nueva Versión Internacional lo dice de este modo: «No se amolden al mundo actual, sino sean transformados mediante la renovación de su mente. Así podrán comprobar cuál es la voluntad de Dios, buena, agradable y perfecta» (v.2). Debe haber un proceso de renovación cuando ha sido cautivo de algo.

Después de haber roto las cadenas, debe aprender de nuevo a vivir. Puede significar que esté en la «escuela del espíritu» durante una temporada, aprendiendo nuevas mentalidades en una u otra área, porque su mente debe ser rehabilitada. Si todo lo que supo al crecer fueron drogas y abuso de alcohol, cuando sale de ese estilo de vida abusivo se requiere que forme un nuevo patrón. Entonces la próxima vez que se sienta oprimido por una prueba o que lo derrote el diablo, no retornará al cautiverio de la adicción. En cambio, está armado con una nueva y probada fuente de dependencia: La voluntad de Dios y sus maneras. Su mente tiene nuevas «experiencias» a las que puede referirse, que han reemplazado a las anteriores. Esta se convierte en un arma de dependencia durante los momentos en que nuestras vidas se hacen pedazos por efecto del diablo.

El día de la carne maloliente

Hace unos años, recibimos una res de regalo. (Esta era otra carne, diferente de la primera que mencioné anteriormente que nos hizo comprar el congelador.) Esta res llenó por completo nuestro congelador. Habíamos hecho ciertos trabajos en nuestro garaje, y justo cuando los obreros terminaron, nos dirigimos fuera de la ciudad a realizar un corto viaje de unos pocos días. Volvimos a casa con los niños, y entramos al garaje para encontrarnos con el olor más horrendo que jamás olimos. Era tan terrible que lo olimos afuera antes de ingresar al garaje.

Una vez dentro del mismo, vimos un charco de líquido rojo en el piso del garaje. ¡Era sangre! Nuestras mentes volaban, no sabíamos qué había sucedido, hasta que nos dimos cuenta de que la sangre provenía del congelador. Pensamos: «¡No, no, no puede ser!». La conciencia inicial de lo que estaba sucediendo nos paralizaba, sin mencionar que nos daba un poco de miedo regresar a casa y ver un charco de sangre. Algo dentro de uno quiere comenzar a gritar y a volverse loco, sin control. Su mente intenta pensar: «Muy bien, ¡qué hacer, qué hacer!».

Para colmo de males, uno de nuestros hijos era un recién nacido de dos semanas de vida. Así que el protector de mi marido tomó de inmediato al bebé, a su cochecito, nuestras maletas y a mí y nos arrojó dentro de la casa. Todos estábamos vomitando por el increíble olor. ¡Incluso nuestros vecinos habían comenzado a olerlo!

Lo que había sucedido es que uno de los obreros había desconectado el congelador para conectar algunas herramientas. Cuando terminó, se olvidó de conectar nuevamente el congelador. No sabía que ese era el enchufe del congelador. Pero era verano, y esa media res se estaba pudriendo en el garaje durante días. Estoy hablando de kilos y kilos de carne. Estaba tan mal que tuvimos que pedir ayuda. Mi esposo y otro amigo de nuestra familia estuvieron horas limpiando carne podrida y sangre. Era como carnear una vaca en medio de nuestro garaje.

Esto es lo que generó nuestro pequeño evento. Aunque usaron todo desinfectante imaginable, tuvimos muchos problemas en quitar el olor del lugar. El congelador en realidad pudo salvarse. Pudieron desarmarlo, lavarlo con una manguera, y blanquearlo todo. Lo que la sangre provocó en el hormigón poroso del piso de nuestro garaje duró meses, incluso hasta el verano siguiente. Blanqueamos, raspamos, y rociamos con aerosol. Luego ese olor volvía una y otra vez. Cada vez que volvíamos a casa... estaba ese olor.

Luego de un día cansador en la oficina, nos encontrábamos desarmando el garaje intentando vencer el olor. Lo teníamos impreso en nuestros sentidos. Incuso nos íbamos a dormir oliéndolo. Mejor dicho, éramos «cautivos» de él.

> Aún como cristiano, el cautiverio puede existir en su vida debido al pasado, o puede intentar subir a la superficie a través de nuevas pruebas.

El cautiverio volverá continuamente para afligirlo de ese modo. 2 Reyes 24:1 dice: «En su tiempo subió en campaña Nabucodonosor rey de Babilonia...». Su espíritu maligno caía sobre ellos e, históricamente, lo hacía repetidamente. Una de las principales características del cautiverio es que regresa una y otra vez. Usted ora, se coloca en la fila de la oración y odia esas áreas de su vida, pero cuando llega un día de «calor», como el día de nuestro congelador, el olor que trae intenta retornar.

El diablo no juega limpio, y él se asegurará que un día «caluroso» llegue a su casa. Entonces, si usted no es cauteloso, comienza a ignorar el olor y en cambio usa una «puerta diferente para entrar a la casa», con el objeto de evitar enfrentarlo. Se debe a que las raíces de determinadas cosas son tan profundas que uno ni siquiera recuerda cómo llegaron a plantarse allí. Muchos años después de que Nabucodonosor partiera y fuera reemplazado por otros reyes babilonios, siguieron estando en plena vigencia los efectos de lo que él ocasionó. La experiencia de las personas con él cambió todas sus mentalidades hasta que no conocieron otra cosa. De hecho, esos efectos perduraron y los sintieron las personas que no estaban siquiera vivas cuando él era rey.

Aún como cristiano, el cautiverio puede existir en su vida debido al pasado, o puede intentar salir a la superficie a través de nuevas pruebas. Dios quiere liberarnos de las raíces del cautiverio en nuestras vidas, sin importar si son grandes o pequeñas. Esto comienza por exponer la operación de este «espíritu de Nabucodonosor». Usted podría preguntarse «¿Qué es mi Nabucodonosor? ¿Qué cosas obstaculizan mi futuro próspero y me mantienen afligido?».

En algunos lugares el cautiverio puede ser difícil de detectar. Pero si comprendemos cómo funciona, podemos exponer los lugares ocultos de este «espíritu de cautiverio de Nabucodonosor» que quiere hacer pedazos nuestra vida.

Nabucodonosor expuesto

La Biblia registra varias cosas diferentes que Nabucodonosor le hizo a la gente. ¿Alguna vez le sucedió algo en su vida y le resultó fácil revivir una y otra vez ese momento? Sin duda, los hechos de este rey malvado quedaron marcados en la mente de las personas. Todos los días como si lo hubieran vivido ayer. Bien, para comprender qué tuvo que atravesar el pueblo de Dios para poder levantarse de su cautiverio, debemos ver qué revivía en su memoria. Primero, hubo cinco cosas específicas que él les robó. Representan una imagen profética de lo que este espíritu toma de nosotros. Al leerlas, piense en cosas que el cautiverio del enemigo le ha robado de su vida.

El cautiverio le roba su *identidad*.

Nabucodonosor tomó al rey y a la familia del rey (2 Reyes 24:12, 15). Esto representa su identidad como ciudadanos. Ya no se sentían ciudadanos sin un rey y un reinado con el que vincularse. El cautiverio evita que las personas de Dios encajen con el resto de la familia de Dios o se vean a sí mismas como una parte integrante del reino. En Efesios 3, Pablo oró por nosotros diciendo: «Para que habite Cristo [realmente] por la fe en vuestros corazones, a fin de que, arraigados y cimentados en amor [se radique, more, tome como su hogar permanente], seáis plenamente capaces de comprender con todos los santos [el pueblo devoto de Dios, la experiencia de ese amor] cuál sea la anchura, la longitud, la profundidad y la altura» (vv. 17–18). Dios quiere que sepa que usted es su hijo y que encaja con el resto de su familia. Nabucodonosor también tomó al rey en el octavo año de su reinado, siendo ocho el número del pacto. Cuando se pierde el lugar y se siente como si no encajara en ningún lugar del reino de Dios, usted rompe el pacto y se vuelve cautivo porque siente como si fuera un paria.

El cautiverio le roba su *unción*.

Nabucodonosor robó el preciado tesoro de la casa del Señor e hizo pedazos los recipientes de adoración (2 Reyes 24:13). ¿Cuál es el verdadero tesoro de la casa del Señor? Es la unción y la presencia de Dios. Cuando pierde la preciada unción, deja de sentir la presencia de Dios. Su enfoque hacia Dios parece deshecho, y pierde su capacidad de adorar libremente y en intimidad. Incluso cuando intenta adorar, se siente vacío y seco, y su mente regresa a su problema.

El cautiverio le roba su *visión*.

Nabucodonosor les robó a los líderes y a los hombres de negocios (v.14). Sin un sentido de liderazgo y dirección, uno pierde su sentido de propósito en la vida. Se encuentra vagando de una cosa a la otra, intentando encontrar satisfacción. No tiene ninguna meta a largo plazo, visión ni confianza en sus talentos. Deja de usar sus talentos para no hacer nada significativo, y ahora sus luchas se han vuelto más grandes que sus metas.

El cautiverio le roba su *autoridad*.

Nabucodonosor robó a los poderosos guerreros (v.16). Esto evidentemente habla de nuestra autoridad y guerra. ¿Alguna vez atravesó alguna situación donde aunque sabía qué hacer, se sintió impotente para hacerlo? Cuando le quitan el espíritu de guerra, sabe que un espíritu de cautiverio está obrando. Está paralizado por determinados eventos y se le recuerda todas las veces que ha fracasado anteriormente. Ahora resuelve que no tiene sentido intentar superar este asunto en su vida porque probablemente fracase de nuevo. Se ve a sí mismo como un guerrero inadecuado, con poca unción para pararse victorioso frente a las fuerzas del mal.

El cautiverio le roba su *confianza*.

Nabucodonosor también capturó a los trabajadores y a los artesanos (v.16). Cuando el cautiverio está intentando robar su destino, siempre se sentirá como que no puede terminar nada, así que se retira e intenta escapar. Se vuelve apologético e inseguro de sí mismo. Se compara con cómo los demás parecen andar en todo lo que parece recibir reconocimiento ante usted, y demás.

Cada vez que se aventura a algo nuevo, allí se sienta sin fruto para mostrar. El cautiverio evita que termine o se sienta bien acerca de cualquier cosa que empiece debido a la inseguridad que le causa el deseo de escapar.

Resultados del cautiverio

Ahora que ha visto qué le roba el «espíritu de Nabucodonosor», veamos mas allá en cuanto a qué tipo de condición le deja este espíritu.

El cautiverio lo deja *rodeado*.

Nabucodonosor construyó fuertes alrededor de las personas (2 Reyes 25:1). ¿Alguna vez sintió que no podía ver una salida debido a que tenía demasiados problemas a la vez? Cuando el cautiverio intenta tomar todo lo que Dios le ha impartido en su vida, usted está allí sintiéndose rodeado por las circunstancias, como si hubiera demasiadas cosas para manejar. El cautiverio siempre lo hará sentirse abrumado.

El cautiverio lo deja *vacío*.

Nabucodonosor dejó al pueblo de Dios sin pan y con hambruna (v.3). Así es como se siente cuando no puede encontrar una palabra nueva o una instrucción del Señor. Usted experimenta una hambruna de la Palabra del Señor (Amós 8:11). Es casi como si existiera una especie de persiana sobre su discernimiento espiritual. No sabe qué pasaje de las Escrituras leer ni siquiera cómo comenzar a orar. Siente como si no hubiera una nueva revelación que se aplique a lo que está enfrentando y tiene hambre de algo del Señor. Se siente desesperado por una palabra, una profecía, un sueño, o un pasaje de la Biblia que se desprenda de las páginas.

El cautiverio lo deja *intimidado*.

El pueblo de Jerusalén corría y respondía con temor y terror (2 Reyes 25:4). Esto es cuando uno corre de sus problemas porque está demasiado intimidado como para abordarlos. Preferiría correr por todo el país que enfrentar la música de dónde se encuentra. No sólo corre por los problemas, sino que también corre mirando por encima de su hombro «por si acaso». Algunas personas son cautivas de varios temores, y en lugar de abordar un problema como un temor, crean remedios inusuales. Por ejemplo, el temor de plagas de enfermedades trágicas en nuestra era moderna. Tenemos una píldora de vitamina para todo. Conozco personas que tienen cajas y canastas de ellas. ¡Y son cristianas! Pero advierta cómo los guerreros huyeron por la noche. Querían correr de manera tal de no ser vistos por nadie. Las personas no quieren admitir el temor, así que tratan de ocultarlo en lugar de abordarlo.

El cautiverio lo deja *confundido*.

Las personas fueron dejadas en estado de confusión, sin un plan organizado a seguir (v.5). Cuando no se tiene un plan en la vida y no se sabe lo que se supone que deba estar haciendo cuando salga de la cama mañana, entonces tal vez sienta confusión. Las personas confundidas también son divisivas y antipáticas. Parecerían no llevarse bien con nada o con nadie porque no saben a dónde se dirigen en la vida. Es peligroso permitir que el cautiverio lo deje en estado de confusión porque finalmente se llena de rivalidad e ira. Se torna confundido y celoso en cuanto a qué cosas funcionan para los demás y no para usted. La Biblia dice: «Porque donde hay celos y contención, allí hay perturbación y toda obra perversa» (Santiago 3:16).

El cautiverio lo deja *ciego.*

Nabucodonosor le quitó los ojos al rey (2 Reyes 25:7). Creo que esto representa la pérdida de discernimiento profético. Es la ceguera espiritual la que le impide ver la movida y el propósito de Dios. Entonces se vuelve esclavo por fórmula y por religión. Ya no puede discernir con precisión la manera de Dios, y entonces comienza a adoptar ideas y doctrinas extrañas. Jesús regañó a los fariseos por ser ciegos debido a que se habían vuelto ciegos en la religión pasada. Eran hipócritas y no podían aceptar el flujo presente de Dios. Él dijo que eran los ciegos conduciendo a los ciegos (Mateo 15:12–14). No podían ver el plan profético de Dios y se sentían cómodos con la antigua religión.

Vida sin rumbo

Ahora que hemos identificado las características directas del cautiverio, debemos conocer cómo liberarnos de él. El principal objetivo del cautiverio es dejarlo sin un verdadero propósito. Si el diablo puede quitarle el propósito, usted no podrá defender nada. Sea conciente de que este puede no ser el propósito de toda su vida, pero podría ser un propósito concerniente a una o dos áreas de su vida. Podría ser debido a que el objetivo de Nabucodonosor sea robarle su propósito. Si los demonios de las tinieblas pueden hacer que esto ocurra, entonces no hay otra batalla por luchar. Ya lo tienen a usted.

Cuando no puede verse a sí mismo mejor que ahora en su futuro sin una duda de que es posible llegar allí con Dios, entones no hay nada que discutir. Por sobre todo lo demás debemos sentir un sentido de propósito en la vida sin importar cuán hecha pedazos esté. Cuando usted tenga un propósito, trepará enormes vallas para cumplirlo.

Una familiar nuestra no ha podido ubicar un sentido de propósito en su vida, y esto se refleja en todo lo que hace. Nada acerca de ella tiene un rumbo. Las características de cautiverio que acabamos de estudiar la han dejado sin un equilibrio verdadero. Ahora está volviéndose mayor y aún no tiene un propósito definido para ella, ni tampoco tiene metas para el futuro. Se casó más de una vez, vive del bienestar social, crió a sus hijos con algunos pocos valores morales, tiene muchos novios y no tiene trabajo. No posee ningún activo y se ha mudado a una dirección diferente casi cada año o dos. Ha «encomendado» su vida a Cristo varias veces, incluso en medio de lágrimas. El problema es que el cautiverio le ha quitado todo lo que ella es, y por lo tanto anda sin un verdadero propósito por el mundo, salvo encontrar su próxima dirección de casa rentada y su próximo novio. Vaya vida.

Compare a esta persona de alguna manera con los hijos de Judá que vivieron en Babilonia. Estoy segura de que hubo muchos como esta pariente mía, que caminaron por ahí siendo esclavos de Babilonia. Fueron llevados allí por el dictador Nabucodonosor. Los dictadores siempre quieren dejar a las personas sin un propósito porque entonces son sujetos a los que pueden controlar. Si un dictador puede hacerle sentir que es dueño de todas sus cosas, de que no tiene una identidad, si lo mantiene pobre, abusa de usted sometiéndolo y lo hace sentir como que no tiene valor, entonces usted jugará su juego. Satanás es un dictador que quiere robarnos nuestro propósito y mantenernos bajo su control.

Así que imagine a los ciudadanos de Judá en Babilonia, la mayoría de los cuales vivían en estas condiciones, no como esclavos como en Egipto, sino como sujetos bajo un gobierno extranjero. Ya no tenían una propiedad o una ciudadanía que reclamar. Habían invadido y robado su propia tierra y eran extranjeros en

Babilonia. ¿Recuerda a Daniel? Como cautivo no se le permitía orar libremente; de otro modo lo arrojarían a los leones (Daniel 6). Luego los tres jóvenes hebreos cautivos fueron arrojados al horno por no adorar al ídolo de Nabucodonosor (Daniel 3). Daniel y los tres jóvenes hebreos fueron hechos sentir que no tenían identidad por la cual estar orgullosos. De hecho, incluso se les dio nombres babilónicos. Ya es bastante malo ser tomado cautivo de su propia tierra, pero quitarle el nombre a una persona es la manera final de robarle su sentido de propósito en la vida. Para elevarse por encima de las mentalidades cautivas debieran haber enfrentado algunas cosas que no querían enfrentar con el objeto de reclamar un sentido de identidad.

Gran parte de Babilonia continúa

Darse cuenta de las circunstancias que rodearon a los hijos de Judá que vivieron tantos años como cautivos, le hace valorar la valentía y la confianza a Nehemías para levantarse e ir a ver al rey para hablarle acerca de cómo habían robado su herencia. El pueblo había sido invadido, degradado y derrocado. Si bien Nehemías obtenía favores del rey, venir del cautiverio y reconstruir sus vidas iba a ser un proceso.

> Si el diablo puede quitarle el propósito, usted no podrá defender nada.

Por cierto, Nehemías era muy consciente de la resistencia que Zorobabel y los hijos de Judá encontraron unos años antes, cuando el rey Ciro los liberó para reconstruir el templo en Jerusalén. Tenían todo tipo de enemigos que los resistían, aunque el rey les había otorgado el derecho a hacerlo. De hecho, el templo que les había permitido construir nunca se terminó durante el reinado de Ciro. Esdras 4:24 dice: «Entonces cesó la obra de la casa de Dios que estaba en Jerusalén, y quedó suspendida hasta el año segundo del reinado de Darío rey de Persia». El pueblo estaba comenzando a sublevarse del cautiverio que Nabucodonosor había infligido años antes. Sin embargo, estaban por enterarse de que tenían muchos enemigos que no los querían libres. También estaban a punto de descubrir que había un montón de «Babilonia de Nabucodonosor» entretejida en la manera de vivir de las personas.

Cuando nos volvemos cristianos y volcamos nuestra vida a Jesús, Él nos libera del poder de un «espíritu de Nabucodonosor» así podemos reconstruir nuestra vida como los templos del Dios viviente, tal como el rey Ciro hizo con los hijos de Judá. En realidad, el rey Ciro es una imagen profética de Jesús. Dios depositó su Espíritu sobre Ciro para liberar el cautiverio de su pueblo. Esdras 1:2 dice: «Así ha dicho Ciro rey de Persia: Jehová el Dios de los cielos me ha dado todos los reinos de la tierra, y me ha mandado que le edifique casa en Jerusalén, que está en Judá».

Jesús lo ha liberado de sus pecados y cadenas, pero Él quiere acompañarlo en el proceso de reconstruir su casa espiritual. Eso significa que en el proceso de salir de su pasado de cautiverio se encontrará con algunos enemigos. Luego probablemente encontrará, como lo hicieron los hijos de Judá, ¡gran parte de Babilonia continúa!

La experiencia de los hijos de Judá saliendo del cautiverio es muy parecida a la nuestra. Mientras hablamos de la experiencia de ellos, quiero que se imagine la suya. En todo Esdras 1–8, leemos que experimentaron una increíble guerra. Todo parecía ir muy bien, y el templo finalmente se terminó. Comenzaron a devolver los recipientes de oro que habían sido llevados y los colocaron nuevamente en la casa del Señor. Las personas celebraban su victoria... ¿hasta qué? ¡Esto no podía ser cierto! Esdras no podía creer en lo que oía. Aquí Dios había comenzado a restaurarlos poderosamente como pueblo, habían vencido en innumerables ataques y ahora esto. Esdras 9:1–2 lo explica de este modo: «Acabadas estas cosas, los príncipes vinieron a mí, diciendo: El pueblo de Israel y los sacerdotes y levitas no se han separado de los pueblos de las tierras, de los cananeos, heteos, ferezeos, jebuseos, amonitas, moabitas, egipcios y amorreos, y hacen conforme a sus abominaciones. Porque han tomado de las hijas de ellos para sí y para sus hijos, y el linaje santo ha sido mezclado con los pueblos de las tierras; y la mano de los príncipes y de los gobernadores ha sido la primera en cometer este pecado».

> Jesús lo ha liberado de sus pecados y cadenas, pero Él quiere acompañarlo en el proceso de reconstruir su casa espiritual.

¡Vaya! Aunque eran libres del cautiverio por medio de la ayuda de Ciro, seguían teniendo problemas. Poco sabían que sus vidas se habían tornado algo cómodas en Babilonia. Se habían acostumbrado a ellas y habían aprendido a mezclarse y a encajar con ese estilo de vida. Se casaron con algunos ciudadanos y ciudadanas y tuvieron hijos. Cuando Esdras oyó las noticias, se desesperó. Advierta que no dijo: «Bueno, está bien; todos tenemos vicios. Hagan simplemente lo mejor que puedan para vivir para Dios».

No, se desgarró la ropa, jaló de sus cabellos y lloró (Esdras 9:3). Se dio cuenta de cuán permanente se había vuelto este cautiverio. Su reacción está plasmada en Esdras 9:4 usando estas palabras: «... mas yo estuve muy angustiado». Se sentía impactado y sentía horror por cuánto de la cultura del cautiverio se había convertido en la forma de vida de la gente. Usted podría pensar que los pecados del pasado que originariamente los volvió cautivos hubiera sido toda la lección que necesitaban. Pero en cambio estaban aprendiendo a aceptar las maneras del mundo.

¿No le suena esto como el proceso que experimentamos luego de salir del mundo? Queremos servir a Dios, pero nos hemos acostumbrado a la invasión de Nabucodonosor. Hemos aprendido a aceptarlo hasta que nos casamos con sus ciudadanos, haciendo compromisos y alianzas con cosas que reflejan el mundo. Algunas de ellas son el control, el rechazo, la ira, la envidia, el resentimiento, la depresión, los chismes, el temor, las perversiones y las adicciones. Algunas de estas son cosas que no consideramos demasiado terribles, pero nos impiden vivir en lo mejor de Dios para nuestras vidas. Por supuesto que estas son sólo unas pocas de las culturas de «Babilonia» con las que nos hemos casado. Esdras se sintió impactado porque estas culturas pegaron tan profundamente en el pueblo de Dios, aunque había sido liberado. Por cierto iban a requerir un entrenamiento sobre cómo vivir fuera de la cultura babilónica.

Póngase en sus zapatos durante un momento y piense en la magnitud de lo que comprende. Se habían casado y habían tenido hijos en Babilonia. En los capítulos 9-10, Esdras se puso de pie y le dijo al pueblo que iban a tener que separarse y salir del cautiverio. Les dijo que ya no podían tener esposas de esa cultura. Que ya no podían estar con las personas que amaban. Que no podían aceptar las culturas que amaban. Esposas extrañas para los hijos de Israel siempre hablaron de una cultura de concesión. Hoy día no nos separamos literalmente de un cónyuge con el que nos hemos casado ni desconocemos a nuestros hijos literales con el objeto de ser puros. Lo que significa hoy día para nosotros es que nos separamos de determinadas culturas del mundo que hemos llegado a amar y a creer en ellas. En algunos casos significa tomar algunas decisiones serias.

Nabucodonosor derrocado

Los hijos de Israel enfrentaron algunas decisiones muy serias. Sin embargo, evaluaron el costo y prefirieron separarse de la única fuente de comodidad que muchos de ellos jamás conocieron. Piense en las increíbles opciones que tomaron. Esdras 10:12 dice: «Y respondió toda la asamblea, y dijeron en alta voz: Así se haga conforme a tu palabra». Descubrieron que, sin saberlo, el «espíritu de Nabucodonosor» había formado una manera de vivir en ellos que no se daban cuenta que estaba allí. Advierta que no dijeron: «Bueno, ¿qué esperabas, Esdras? No pedimos vivir aquí, ¡así que no es culpa nuestra». Muchas personas no quitan la influencia de Babilonia porque creen que no es su culpa que las hayan llevado allí. Tal vez sus padres no asumieron la adecuada responsabilidad sobre cómo lo criaron. Usted podría usar eso como excusa para permanecer en Babilonia durante el resto de su vida. Pero para ser verdaderamente libre luego de que su vida se ha hecho pedazos deberá dejar de lado las excusas.

Una amiga nuestra nos contó una vez acerca de una época en la que trataba de vencer un espíritu de enojo. Admitió que tenía mal carácter y que una vez se sintió incómoda después de haber tratado mal a alguien. De inmediato dijo: «Oh, Señor, perdón. No puedo evitarlo porque soy francesa y los franceses tienen mal carácter».

Usted es el templo del Señor que Jesús quiere reconstruir. Él está allí para ayudar a separarlo de los recuerdos e influencias de su pasado y para vivir dentro de usted a fin de sacar cada mal hábito, cada mala actitud y cada sentimiento de fracaso fuera de su vida.

Dijo que luego oyó hablar al Señor en voz alta dentro de sí y que dijo: «¡Si yo no soy francesa!». En otras palabras, el Espíritu Santo en usted no está centrado en por qué es cautivo. Está interesado en sacarlo del cautiverio. Alguien puede haberlo herido horriblemente y dejado quebrado y con magulladuras en la vida. Pero Dios quiere que avance más allá de esa herida para que no lo mantenga esclavo y haciendo cosas que odia por el resto de su vida. Mientras estaban en cautiverio, los hijos de Israel debieron ser responsables por ello, incluso cuando para algunos no tenían la culpa de estar en esa cultura. Esdras mismo se arrepintió por permitir que el cautiverio los invadiera, aunque no fue el único que en realidad cometió cualquiera de esos pecados culturales (Esdras 9:8–11).

Recuerde cómo la gente le respondió a Esdras: «… se haga conforme a tu palabra» (Esdras 10:12). Decidieron quitar la influencia de Nabucodonosor de sus vidas. Comenzaron por reconocer el problema y quitarlo. Usted es el templo del Señor que Jesús quiere reconstruir, y Él está allí para ayudar a separarlo de los recuerdos e influencias de su pasado para que esto suceda. Él ha venido a vivir dentro de usted para sacar cada mal hábito, cada mala actitud y cada sentimiento de fracaso fuera de su vida. ¡Alabado sea Dios por ello! 2 Corintios 6:16-17 dice: «¿Y qué acuerdo hay entre el templo de Dios y los ídolos? Porque vosotros sois el templo del Dios viviente, como Dios dijo: Habitaré y andaré entre ellos, y seré su Dios, y ellos serán mi pueblo. Por lo cual, salid de en medio de ellos, y apartaos, dice el Señor, y no toquéis lo inmundo; y yo os recibiré».

Eso es lo que está buscando Dios en usted. Él quiere que el espíritu del cautiverio se vaya para que haya más espacio para Él en nuestras vidas. El siguiente versículo continúa diciendo: «Y seré para vosotros por Padre, y vosotros me seréis hijos e hijas, dice el Señor Todopoderoso» (v.18). Independientemente de los hábitos y estilos de vida a los que se ha acostumbrado a vivir, verá que pierden su influencia cuando vea a Dios como su Padre. Los hijos cautivos de Israel vieron una vez la cultura de Nabucodonosor como la figura de control que proveía sus necesidades. Eran el producto de ese estilo de vida. Cuando usted comienza a ver a Dios como su Padre —no sólo en teoría, sino con una profunda revelación— naturalmente se separará de Babilonia. Comenzará a depender de su Padre.

Mis hijos conocen la «cultura» de nuestra casa. Conocen la comida que normalmente comemos, por cierto no tienen miedo de pedir cosas —especialmente dinero—, y están cómodos con nuestra vida familiar. La vida de alguna familia en la otra calle les es desconocida porque conocen a sus propios padres. Están acostumbrados a nuestros horarios, al aroma de la ropa que lavamos, y a la forma en que todos hablamos en la cena. Cuando usted conoce a su Padre celestial, no reconoce a otra «familia». Su Padre quiere ser su mayor fuente de influencia y reemplazar lo que alguna vez conoció. Puede pedirle al Señor que se revele a usted como su Padre. Para muchos cuyas vidas se han hecho pedazos esto es algo difícil de hacer, porque muchas personas no tuvieron una influencia paternal en sus vidas.

> Dios puede impartir milagros que lo sacudirán y cambiarán toda su perspectiva de la vida en un momento.

Pídale al Señor que lo ayude a recibirlo como el buen Padre que es. No siempre tiene que comprender *cómo* lo hará, porque el Señor es sobrenatural. Puede impartir milagros que sacudirán toda su perspectiva de la vida en un momento. Dios es su Padre, y su Papá no teme eliminar la esclavitud de Nabucodonosor de los hijos a los que ama.

Así que revisemos brevemente por dónde comenzar a derrocar los cautiverios de Nabucodonosor de nuestras vidas:

Exponga el cautiverio.

Reconozca qué lo mantiene cautivo. Puede ser un tipo de temor, una actitud, sus palabras o una adicción. Esté dispuesto a ver estas áreas y a llamarlas por lo que son en su vida: Cautiverio y esclavitud. Exponer las raíces les hará perder su capacidad de que vuelvan a crecer. Enfréntelas y luego comience una nueva vida que apunte a otra dirección.

No más excusas.

Asuma su responsabilidad por vivir como un cautivo. Cómo ó por qué fue invadido por el diablo ya no puede ser su enfoque. Arrepiéntase ahora y lleve sus acciones ante el Señor para poder reclamar su verdadero propósito en la vida.

Sepárese de Babilonia.

Decida que no quiere el espíritu de cautiverio en su vida, y esté dispuesto a separarse de él. Los hijos de Israel tuvieron que tomar la decisión de salir del cautiverio y cambiar de hábitos. No podían regresar a lo que les era conocido. Tuvieron que aprender una forma de vida totalmente nueva.

Corra hacia su Padre celestial.

Cuando decida ver a Dios como su Padre, todas las otras figuras de control de su vida comenzarán a debilitarse mientras la cultura de su nueva familia se impone.

Por supuesto, cuando compara el espíritu de cautiverio con el poder de Dios, parece lucir cada vez más debilitado. Si se lo permite, el Señor lo liberará de todo tipo de cultura pasada que este «espíritu de Nabucodonosor» la ha impartido. Para eso vino Jesús —para liberarlo— y puede usted saber hoy día que Él es un experto en ello.

«Con vuestra paciencia ganaréis
vuestras almas.»

[LUCAS 21:19]

[CAPÍTULO 4]

LOS ENEMIGOS de la MENTE

La infancia feliz de Charlotte estaba por llegar a un final chirriante cuando sólo tenía once años. La mayor parte de su niñez fue normal y feliz, e incluso tuvo una cierta relación de niñez con el Señor, haciendo todas las cosas normales que hacen la mayoría de los niños.

Charlotte quería ser cristiana, pero no se crió en un hogar cristiano. Entonces un día toda la felicidad que conoció le iba a ser robada de su vida por un profundo secreto. Se trataba de un secreto que no se lo dijo a nadie, ni siquiera a su madre, porque el secreto era sobre su papá. De repente el amor de niña aparentemente normal que sentía hacia su propio padre se hizo pedazos cuando él comenzó a demostrarle un afecto inusual. Comenzó a tocarla, salvo que algo no estaba bien al respecto. Se sentía como algo malo y muy oscuro. La hacía sentirse muy sucia y avergonzada. Durante los siguientes cuatro años, su padre comenzaría a repetir ciclos de toqueteo sexual y de besar a su propia hija.

Esta jovencita pasó de ser una niña alegre y normal a una llena de confusión y desesperación. Su propia alma iba a llevar una herida que se instalaría muy profundamente en su ser, más de lo que en ese momento podía saber. Desde ese momento en adelante la mente de la joven Charlotte lucharía por comprender y reconocer el verdadero amor, especialmente de los hombres. Su alma estaba confusa e incapaz de discernir el verdadero amor paterno.

Con profundo dolor y sola en un bosque cercano, un día, Charlotte decidió orar. Le contó al Señor que estaba planeando escapar de su hogar. Tenía intenciones de ir a una ciudad cercana, a sólo unas horas de distancia, y prostituirse. Razonando consigo misma, decidió que era mejor ser tocada por extraños que por su papá. Estaba perdiendo su capacidad de razonar con claridad, y comenzó a crear sus propios vendajes emocionales para curar las profundas cicatrices de su corazón y su alma.

Para su sorpresa, ese día oyó a Dios pronunciar su nombre. Allí, en el bosque, oyó a Dios arrojar estas palabras dentro de su corazón despedazado: «Sabes que el diablo quiere que seas mala y te conviertas en prostituta por lo que te ha ocurrido. Él lo planeó para ti. La mejor manera de pagarle es siendo buena».

Para Charlotte, esas palabras cobraron sentido. Resolvió no convertirse en prostituta porque pensó que era la única manera de vengarse del diablo. Pero faltaban muchos años antes de que Charlotte pudiera sanar del dolor.

Todo esto alcanzó su punto álgido un día que su madre estaba fuera de la ciudad y su padre trató de emborracharla. Esta vez, mientras su papá comenzó a hacer los avances de siempre, Charlotte corrió y se encerró en su cuarto antes de que él pudiera abusar de ella. Pasó allí toda la noche para escapar de él. A la mañana siguiente cuando abrió la puerta de su habitación, su papá fue a verla llorando, disculpándose por lo que había estado haciendo. Por supuesto, impasible ante sus lágrimas, Charlotte lo regañó. Le dijo que debía dejar de hacerle esas cosas horribles. Luego le dijo que sus palabras debían haber tenido el poder de Dios porque, aunque esos episodios habían durado casi cuatro años, su papá nunca la volvió a tocar inapropiadamente de nuevo.

Charlotte le contará que ella pasó por una situación infernal, y que se requerirá del poder de Dios ingresando a su vida para liberarla del dolor y la confusión que le ocasionó. Atravesó la liberación y gran sanidad emocional en los siguientes años. Luego de trabajar muchos años en emociones muy confusas sobre las relaciones con los hombres y el significado de un padre amante, Charlotte incluso hizo el esfuerzo de servir a Dios con todo su corazón porque supo que había oído su voz ese día en el bosque. Decidió que no podía ignorar las palabras que le dijo Dios. No podía culparlo, porque sabía que había sido el diablo el que trataba que ella tomara una mala decisión.

No importa qué, la lucha dentro de ella no iba a dejar que eso sucediera. De algún modo iba a pelear, y estaba resuelta a ganar. Una a una, a través del poder de Dios, ella ganó las batallas que se libraban en su propia mente por esta creencia resuelta. Más de veinte años después, el plan de convertirse en prostituta es nada más que un recuerdo desvanecido. A través de su obra sobrenatural, el Señor incluso comenzó a restaurar su relación con su papá y a enseñarle lo que realmente significa el poder de perdón de Cristo a alguien que lo ha herido.

Yo he estado muy cerca de Charlotte durante muchos años. Hoy día, ella sirve poderosamente a Dios en su iglesia, donde ministra a muchas personas en su propio camino con el Señor. Tiene un impacto sobre mucha gente cuyas vidas también están hechas pedazos. Definitivamente, ha sido buena porque Charlotte ha hecho algo increíble: ¡Ganó la batalla por su propia alma!

El centro de comando del hombre

Bueno, si es la batalla por nuestra alma la que tenemos que ganar, entonces mejor que sepamos qué batalla es. Creados a la imagen de Dios mismo, somos seres divididos en tres partes. Somos seres del espíritu, poseemos un alma y vivimos en un cuerpo. Esto significa que así como Dios es la Trinidad —que es el Padre, el Hijo y el Espíritu Santo (1 Juan 5:7)— nosotros también poseemos tres atributos que nos convierten en una persona entera. Somos seres del espíritu así como Dios es un Espíritu (Juan 4:24).

Dios es un Espíritu: El Espíritu Santo. El Espíritu Santo es la vida, el aliento y el movimiento de Dios. Su espíritu es también de dónde proviene la vida, a la que con frecuencia se hace referencia en la Biblia como su corazón. Es lo que lo mantiene respirando y vivo, no como lo hace su palpitación, sino alimentado por el Dios de la vida que lo hace un ser eterno. Cuando el espíritu de una persona abandona su cuerpo, ese cuerpo ya no puede vivir, y por ende, muere.

También tenemos un alma, que es nuestra mente intelectual donde tenemos la capacidad de razonar y discernir sabiduría. Dios el Padre está representado como la mente de toda sabiduría e intelecto. El Padre expresa la voluntad de Dios (Gálatas 1:4). En esencia, Él es alma de Dios, el centro de comando del Señor. Su alma ingresa información y es el centro de comando de todo su ser.

Luego está el cuerpo. El cuerpo de Dios es Jesús, quien vino como carne humana (Juan 1:14). Su cuerpo es su ser físico, sus brazos, su carne. El cuerpo de una persona debe permanecer sano para funcionar adecuadamente y en conexión con su espíritu y su alma. Si un cuerpo se enferma demasiado como para seguir funcionando, su espíritu se irá y, como dije antes, ese cuerpo morirá. Para vivir aquí en esta tierra, necesitamos las tres partes de nuestro ser obrando juntas.

> Usted puede tener la mayor parte de su vida en orden con Dios, pero si sólo un área no lo está, puede hacerlo sentir como si todo anduviera mal.

Cuando usted se tornó cristiano, su hombre interior (su espíritu) nació de nuevo y fue recreado (2 Corintios 5:27) para volverse limpio y poder albergar la presencia sagrada de Dios. Los pecados que mancharon su propia vida fueron lavados para que Dios pudiera construir su hogar en su corazón y darle una nueva vida. Por lo tanto, su alma (su mente y centro de comando) debe aprender a dictarle a su interior una nueva manera de vivir que complazca a Dios. Toda la información negativa previa del pasado debe reprogramarse hacia la justicia. Lo convertirá desde tomar las mismas decisiones no santas, a tomar las devotas. Cuando su alma comienza a recibir información nueva de Dios y su Palabra, lentamente comienza a actuar a partir de una naturaleza nueva. Sin este proceso en que nuestras almas se renuevan, no podemos gobernarnos correctamente. Pero una vez que nuestra mente, o alma se renueva a través de la Palabra de Dios, gradualmente comenzaremos a dictarle las directrices a nuestro cuerpo ¡y así cambiar la forma en que vivimos!

Aprópiese de su alma

Lucas 21:19 nos enseña uno de los principios más poderosos de las Escrituras. «Con vuestra paciencia ganaréis vuestras almas.» En pocas palabras, literalmente significa *estar en control de su propia mente*. Creo que si comprendemos esta verdad transformaremos cada área de nuestras vidas cristianas de la inestabilidad a la estabilidad. Definitivamente, quiero estabilidad en cada parte de mi vida, ¿y usted?

Usted puede tener la mayor parte de su vida en orden con Dios, pero si sólo un área no lo está, puede hacerlo sentir como si *todo* anduviera mal. ¿Sabe de qué estoy hablando? Sabe que su tarea es genial, que sus finanzas son buenas y que tiene una gran iglesia y una familia maravillosa. Pero, ¿y esa relación con su hermano? Esa es otra cosa. Y realmente lo deprime. Si no fuera por eso tendría una gran vida.

Con su alma pasa lo mismo. Parecería que tiene una vida emocional casi normal, pero es esa pequeña cosa la que lo lastima. Es esa área de temor que parece controlarlo, ese pequeño sentimiento de resentimiento o de rechazo que le acosa su andar con Dios y le quita su gozo. Entonces ese mismo cautiverio, ese «espíritu de Nabucodonosor», regresa para invadir una y otra vez. Cuando usted pueda vencer las áreas que poseen su mente, entrará en un nuevo reino con Dios.

Otra forma de interpretar o parafrasear Lucas 21:19 es decir: «Con vuestra perseverancia ganaréis vuestras almas». Se requiere un compromiso para apropiarse de su alma, y debe darse cuenta de que no es un proceso inmediato. Las heridas y las desilusiones de la vida buscan robarle la propiedad de su mente. Quieren llenarla con todo tipo de información dolorosa y negativa. Esta misma información finalmente se traducirá en malas elecciones, falta de discernimiento y confusión.

«Porque ¿qué aprovechará al hombre, si ganare todo el mundo, y perdiere su alma? ¿O qué recompensa dará el hombre por su alma?» (Mateo 16:26). Creo que perder su alma es más que sólo perder el cielo cuando se muera, que con frecuencia es la única manera en que nos referimos en este pasaje de las Escrituras. Pensamos que perder nuestra alma sólo significa ir al infierno para toda la eternidad. Sin embargo, creo que la pérdida de nuestra alma incluye incluso más que eso. También significa que abandonamos la capacidad para regir y estar en control de nuestras propias mentes. Perdemos nuestra capacidad de razonar correctamente o de vivir con sabiduría. Me gusta la forma en que lo dice el mensaje de la Biblia: «¿Qué aprovechará al hombre, si ganare todo el mundo, y perdiere su alma? ¿O qué recompensa dará el hombre por su alma?». ¡Muchas personas gradualmente se están perdiendo a sí mismas! Se están perdiendo ante cosas materiales, desilusiones, problemas y estrés. Ya no pueden sostener la posesión de sus almas. Otras cosas son dueñas de sus almas, que se denominan los pesos y los cautiverios de este mundo.

Dios quiere que tengamos el control total de nuestra propia mente para que podamos responderle con precisión, tomar decisiones lógicas sobre nuestra vida y también, lo que es muy importante, para superar victoriosamente las pruebas que la vida intenta arrojarnos. Usted no puede hacer como si su mente está desanimada todo el tiempo. Piénselo: ¿Alguna vez se enojó de verdad por algo? Cuando se enfurece, con frecuencia se olvida de lo que es realmente importante en ese momento. Todo lo que puede pensar es a través de su enojo. Si no es cauteloso, comenzará a hacer o a decir cosas que más tarde lamentará. Dejará de gobernar su vida en justicia y se encontrará haciendo necedades.

No puedo enfatizar lo suficiente que una clave para regresar del polvo y las cenizas que la vida le ha dejado a su alrededor es permanecer con la mente sana. ¿Se acuerda de la historia de

Charlotte? Ella tenía problemas para tomar decisiones lógicas sobre su vida porque había sido gravemente herida. Una persona que está en pleno control de sus facultades mentales nunca consideraría la prostitución como un futuro. Solo lo hace una persona cuya sanidad mental y emocional estén comprometidas.

> Dios quiere que tengamos el total control de nuestra propia mente para que podamos responderle con precisión, tomar decisiones lógicas y superar victoriosamente las pruebas que la vida intenta arrojarnos.

Cuando el diablo ha hecho pedazos su vida de alguna manera, su mente ingresa la información, la procesa y luego automáticamente intenta ubicarla en su banco de memoria para utilizarla como referencia en sus decisiones futuras sobre la vida. Por ejemplo, si se cayó una vez al querer entrar a la bañera, es muy probable que hacia el fin del día vaya a la tienda a comprar algunos adhesivos para colocar en el piso de la misma. ¿Por qué? Porque su mente almacenó la información de su experiencia de caerse en la bañera e hizo que tome la decisión sobre su seguridad futura. Los espíritus malignos saben muy bien cómo funciona esto. Planearán circunstancias para lastimarlo en un esfuerzo por comprometer permanentemente su capacidad de responder a determinadas cosas de una manera lógica, bíblica. Saben que sus facultades mentales almacenarán esa información negativa para su uso en el futuro, y están esperando verlo responder a esa desilusión o herida por consiguiente.

Hay tantas buenas personas buenas hoy día a las que se les ha hecho trizas la vida de este modo. Con frecuencia, este es el motivo por el cual una mujer que ha sido maltratada en su matrimonio u otras personas en su «sano juicio» —a las que no les ha sido destrozada la vida en esa área en particular— alzarán sus manos y preguntarán «¿Por qué motivo cualquier mujer haría una cosa así? ¿No puede verlo?».

Todos hemos caído en las mismas trampas en una u otra área, y lo cierto es que con frecuencia somos los *últimos* en verlos. La mayoría de las personas están mucho más lejos de ser conscientes de sus faltas y defectos de personalidad que aquellos que los rodean. Nuestra familia y amigos pueden ver claramente nuestros defectos. Cuando su vida está hecha pedazos, Dios quiere que vuelva a poseer su propia alma de cualquier modo en que haya sido comprometida. Ahora bien, eso por lo general no es una cosa de rápida oración e instantánea. Es un proceso de recibir la unción de poder de Dios y de permitir que su Espíritu reprograme su mente acerca de esas cosas. Vencer a los enemigos que se adueñan de nuestra mente en cautiverio es algo que todo cristiano debe aprender a hacer efectivamente. De no hacerlo, tendremos problemas para dejar la marca que quedó de alguna prueba.

Por eso es que el diablo trabaja arduamente para ganar el campo de batalla de su mente. Él sabe que es su centro de comando y que cualquier cosa que quede en su mente finalmente controlará sus actos. Usará todo tipo de medidas engañosas para lograrlo. Intentará hacerle creer que su mente está jugando con usted y lo engañará respondiendo a mentiras, emociones abrumadoras y «espejismos mentales». Algunas maneras en que el diablo intentará trabajar en su mente es cuando conjura situaciones que son falsas sobre algunas personas, cuando usted rumia por sus desilusiones o cuando es bombardeado con diversos temores mentales. Dios nos ha dado la manera de vencer la guerra de la mente, para que cuando el diablo o las personas nos ataquen podamos mantener bajo control a nuestra mente y andar en paz y santidad.

Conocer su alma

Para comprender mejor cómo ganar la batalla por su alma, es útil saber que el alma está dividida en cinco partes, algo que trataré brevemente aquí para que conozca cómo funcionan. Comprender cómo funciona su mente le ayudará a tomar una posición activa para alinearla con el Señor.

Su voluntad

La voluntad es la fuerza más dominante del alma humana. Tiene la última palabra en sus decisiones. Muchas personas no pueden llegar a ningún lado porque no pueden poseer sus almas cuando se trata de su voluntad. Tienen problemas al tomar una decisión y apegarse a ella. Salomón tuvo la determinación de su voluntad cuando construyó el templo (2 Crónicas 2:1), Recuerde que únicamente *usted* tiene poder sobre su propia voluntad. El Espíritu Santo no tomará el control de su voluntad; Él sólo la guiará y la dirigirá.

> Si las opciones sencillas y cotidianas sobre Dios están decayendo, entonces ha llegado el momento de colocar en foco su voluntad.

Esto también significa que el diablo tampoco tiene poder sobre su voluntad. Sin embargo, él usa otros atributos de su alma para *llegar* a su voluntad y hacer que ceda o que se la entregue a él. Recuerde, él engañó la voluntad de Eva usando su memoria. Él la hizo cuestionar a Dios cuando preguntó: «¿Conque Dios os ha dicho... ?» (Génesis 3:1). Luego, Satanás trabajó en otras áreas de su alma tales como sus emociones y sentimientos.

Esté alerta con respecto a su voluntad. Cuando vea que toma decisiones aletargadas sobre cosas de Dios y situaciones espirituales, debe hacer que regrese su voluntad a lo sagrado corroborando todas sus decisiones acerca de las cosas espirituales. ¿Oró hoy? ¿Está eligiendo leer su Biblia y asistir a la iglesia? Si las elecciones sencillas y cotidianas acerca de Dios están decayendo, entonces ha llegado el momento de colocar en foco su voluntad. Cuando se trate de su voluntad, «simplemente, hágalo».

Sus emociones

Las emociones son bíblicas y otorgadas por Dios. Son las que nos hacen disfrutar de un color y nos otorgan la personalidad. Las emociones nos convierten en seres únicos. Las emociones son buenas, pero deben estar gobernadas por Dios. Pueden ser muy poderosas y hacerlo creer fácilmente en una mentira basada en un «sentimiento». Ese sentimiento pudo haber sido el resultado de una falta de sueño o algo que una persona le dijo. Las emociones tienen un poder paralizador que puede hacer que usted se encuentre fácilmente respondiendo de manera repentina e irracional a ellas. Pueden afectar todo su ser y así ser un atributo muy poderoso de su alma.

De una buena manera, sus emociones pueden ayudarlo a comprender el enojo de Dios y el gozo del Señor, así como también ayudarlo a reconocer cuando el Espíritu Santo está acongojado. Sin embargo, las emociones no deben determinar si usted está en la voluntad de Dios, ni tampoco deben usarse para demostrar la obra del Espíritu Santo.

Cuando la lógica hace caso omiso de su fe y del testimonio interior del Espíritu Santo, su intelecto está siendo objeto de un ataque.

Las emociones carnales son más fáciles de reconocer de lo que pensamos. Siempre se sienten opuestas a los principios de la Palabra de Dios. Por ejemplo, usted siente enojo, pero las Escrituras dicen claramente que debemos andar en amor y perdón. Manejar sus emociones comienza por hablarles y decirles que se alineen con la Palabra de Dios, incluso cuando usted no lo «sienta» así.

Su intelecto

La mejor manera de describir su intelecto es decir que es su inteligencia mental que lo ayuda a comprender la sabiduría y la discreción. A eso lo denominamos «usar su cerebro». Es el centro de aprendizaje de su alma y donde usted reúne conocimientos e información. Puede ayudarlo a conocer a Dios, tanto a través de la revelación como de un proceso de estudio. Cuando las personas permiten que se entregue su intelecto a los espíritus del humanismo, comienzan a creer que son más inteligentes que Dios (Romanos 1:22).

El intelecto también mantiene cautivas a muchas personas en un espíritu religioso porque necesitan una explicación lógica para todo. Cuando la lógica hace caso omiso de su fe y del testimonio interior del Espíritu Santo, su intelecto está siendo objeto de un ataque. «El principio de la sabiduría es el temor de Jehová; buen entendimiento tienen todos los que practican sus mandamientos; su loor permanece para siempre» (Salmo 111:10). Esto significa que la manera en que usted comienza a alinear su intelecto con Dios es temerle y amarlo lo suficiente como para querer complacerlo observando sus mandamientos.

Su imaginación

Una imaginación divina tiene la maravillosa capacidad de crear una visión. Construye su destino y sus sueños para el futuro. A través de las semillas de la imaginación puede hacer «crecer» cualquier cosa para Dios. Su imaginación debe permanecer sometida a los planes y la dirección de Dios. De otro modo, se manejará por sí solo y posiblemente pierda lo mejor del Señor para su vida. Usted sabe cuándo sus imaginaciones bien intencionadas están más adelante que Dios por que se vuelven manchadas por la autoexaltación. ¿No es eso lo que le ocurrió a Lucifer? Él dijo: «Sobre las alturas de las nubes subiré, y seré semejante al Altísimo» (Isaías 14:14).

Ahora bien, puede que no tenga las aspiraciones de superar a Dios, pero podría estar intentando aventajar a otras personas y codiciar la alabanza del hombre. Nuevamente Satanás engañó a Eva en el huerto. Esta vez fue usando su imaginación en contra de ella misma cuando él dijo que ella podía ser «como Dios» (Génesis 3:5). En lugar de querer ser como el Señor de una manera pura, ella quería «ser como Dios» de una manera orgullosa.

El diablo también ataca nuestra imaginación por medio de fantasías. El mundo utiliza fantasías como un escape de las presiones de la vida. Evidentemente toda la industria del entretenimiento está arraigada en la fantasía. Pero la fantasía puede manchar una imaginación pura. El diablo lo alentará a fantasear para que se «escape» de sus pruebas cuando, de hecho, la fantasía es la trampa pensada para mantenerlo cautivo en su problema. Por supuesto, no hay nada malo en la diversión pura siempre que no impida que enfrente la realidad en su vida.

2 Timoteo 4:3–4 dice: «Porque vendrá tiempo cuando... teniendo comezón de oír, se amontonarán maestros conforme a sus propias concupiscencias, y apartarán de la verdad el oído y se volverán a las fábulas». Una imaginación correcta necesita ideas y combustible correctos para dirigir sus pensamientos. Usted puede verificar su imaginación comenzando con humildad, luego llenando su mente con cosas nuevas y divinas en qué pensar. Las cosas que más le llaman la atención son las que lo encuentran soñando despierto durante el día.

Su memoria

Sus recuerdos son los archivos de su reino del alma. Sirven como un punto de referencia para aquello que hace y cómo responde, y, si los recuerdos son los correctos, incluso le ayudan a elegir lógicamente. Los buenos recuerdos e incluso algunos tipos de recuerdos negativos en realidad le ayudarán en su proceso de toma de decisiones. Por ejemplo, un niño que se quema la mano en el horno tendrá un recuerdo de esa experiencia dolorosa, pero eso también le recordará tener cuidado cuando esté cerca de un horno durante el resto de su vida. Ahora bien, Dios no planeó esa mala experiencia, porque Él no nos daña para enseñarnos algo. Sin embargo, el recuerdo de ese niño le servirá para mantenerlo más seguro en el futuro.

Tal vez recuerde una «mala experiencia» en un restaurante. Es más que probable que nunca vuelva a comer allí porque su recuerdo le dirá que no vaya. Sin embargo, al diablo le gusta usar con mucha frecuencia un mal recuerdo y convertirlo en temores y fobias. Su meta es mantenerlo cautivo en una hueste de malos recuerdos. Se han destrozado las vidas de muchas personas a causa de demonios, incluso algunos cristianos viven cautivos de los recuerdos de determinados eventos durante muchos años. Entonces el diablo recreará otras situaciones que imiten ese mal momento de su vida y lo golpeará con pensamientos que digan: «¿Recuerdas la otra vez que sucedió esto? ¿Recuerdas cuánto te hirió?». Ahora vuelve a tener miedo de ser herido. Y es tan fácil tomar decisiones y responder a cosas completamente fuera de los principios bíblicos y de la probidad.

A los espíritus malignos les encanta usar los recuerdos como un punto de acceso para mantenerlo cautivo al pasado. Intentarán atormentarlo con sus recuerdos, aún usando a otras personas para recordarle esos momentos y mantenerlos presentes en usted. Luego, comienza a atraer al tipo de gente que alimenta esa imagen mental. Esos malos recuerdos le roban una buena conciencia. Mientras sigue mirando sus heridas del pasado, sus desilusiones y errores, puede instalarse el rechazo. El rechazo lo hace sentir mal respecto de sí mismo, inmerecedor de lograr nada para el Señor, aún cuando viva correcta y píamente para Dios.

> **Cuando Dios decide colocarlo en su «escuela» para que aprenda algo, la mayor parte del tiempo usted no es consciente de que está inscrito hasta el día de la graduación.**

Ordéneles a los espíritus atormentadores que abandonen su memoria. ¡Usted tiene autoridad sobre ellos en el nombre de Jesús! Luego, aférrese a las promesas de Dios respecto de su memoria y pídale al Señor que quite todos los efectos malignos de cualquier mal recuerdo. Creo que el poder sobrenatural de Dios puede recaer sobre usted y hacer que los malos recuerdos pierdan por completo su poder sobre usted. Será como si fuera otra persona la que atravesó esos eventos. Isaías 43:18–19 dice: «No os acordéis de las cosas pasadas, ni traigáis a memoria las cosas antiguas. He aquí que yo hago cosa nueva; pronto saldrá a luz; ¿no la conoceréis? Otra vez abriré camino en el desierto, y ríos en la soledad».

Dios quiere reemplazar sus antiguos recuerdos y darle unos nuevos y maravillosos con Él.

Respóndale a su enemigo

Como le conté anteriormente, cuando mi esposo y yo éramos recién casados, teníamos muchas aspiraciones para nuestro futuro. Ambos sentíamos un llamado y nos dedicamos al ministerio. Predicar y tocar las vidas de las personas era todo lo que queríamos hacer. En 1989, recibimos una profecía de parte de Benny Hinn acerca de nuestro ministerio. Sin conocernos ni haber sido presentados, nos llamó de entre el público y dijo: «Los veo como dos árboles fructíferos caminando», dice el Señor, «y ambos irán y traerán muchos frutos a la tierra». ¡Esas palabras resonaron en nuestros corazones como una campana! Estábamos preparados para nuestro destino con Dios. Poco sabíamos que obtener la parte fructífera del ministerio iba a requerir algo de arado de la tierra, plantar algunas semillas y matar algunas malezas espirituales.

Pensando que lo sabíamos todo, descubrimos que aún teníamos mucho por aprender. A través de mucha oración, estudio y experiencias de la vida, comenzamos a ingresar a la «escuela del Espíritu» ministerial. Ahora bien, estar en la escuela del Espíritu no significa que uno se convierte en un individualista fariseico que no hace más que crear sus propias «lecciones» y los «diplomas» creados por uno mismo. Descubrí que cuando Dios decide colocarlo en su «escuela» para que aprenda algo, la mayor parte del tiempo usted no es consciente de que fue inscrito hasta el día de la graduación. Entonces dice: «Ah, sí, Dios, ¡así que eso era lo que hacías!». Nuestra «escuela del Espíritu» sucedió mientras estábamos haciendo lo que sabíamos para servir a Dios, estar involucrados en la iglesia y perseguir su plan para nuestras vidas.

Sin embargo, justo fuera de la puerta nos hacen pedazos. No sólo estábamos en la escuela del Espíritu, ¡sino que el diablo decidió acompañarnos! Quería derribarnos en cada movimiento. Creo que Dios sólo permitió que esto ocurriera por una razón: Debíamos aprender a responderle a nuestro enemigo. Quiero decir, cada situación desalentadora parecía venir en nuestra contra. Fuimos removidos de una denominación religiosa principalmente por predicar que Dios sana hoy. En muchas ocasiones no tuvimos ingresos, así que debimos confiar en Dios en cuanto a la comida. Luchamos para encontrar una buena iglesia, y por cierto no encontramos vacantes para ningún ministerio de tiempo completo que nos permitiera ganarnos la vida decentemente. Decidimos tomar trabajos seculares, y en una ocasión, ¡mi esposo perdió su empleo dos veces en seis meses! Vivimos de las tarjetas de crédito para pagar la renta y la comida. ¡Parecía una experiencia en el desierto!

> Antes de que Jesús pudiera ejercer su ministerio de milagros, primero tuvo que aprender cómo responderle a su enemigo.

En esas situaciones, su mente comienza a decirle cosas. Allí es donde se libra la verdadera batalla: ¡En su alma! Comienza a imaginar que pasará lo peor cada vez que da un paso afuera para hacer algo, porque eso es lo que sucedió la última vez. Sabe que no debe tener esas ideas, así que intenta quitarlas de su mente. ¡Pero regresan! Si no es cuidadoso, se desalienta y se deprime, sintiéndose abrumado por un sentido del fracaso. Estoy segura de que ha pasado por situaciones similares de las que sale sin saber qué pensar. Oramos, ayunamos y plantamos semillas, pero gran parte de nuestras circunstancias no parecían mejorar. ¡Queríamos dejar todo! A veces nos enojábamos con Dios, como si Él nos hubiera abandonado. Sentíamos que habíamos fracasado, y sabíamos que había gente que se reía de nosotros.

Antes de que Jesús pudiera ejercer su ministerio de milagros, primero tuvo que aprender cómo responderle a su enemigo. La Biblia dice que Él estuvo en el desierto durante cuarenta días de intensa guerra espiritual: «Jesús, lleno del Espíritu Santo, volvió del Jordán, y fue llevado por el Espíritu al desierto por cuarenta días, y era tentado por el diablo. Y no comió nada en aquellos días, pasados los cuales, tuvo hambre» (Lucas 4:1–2). Así que fue mucha más guerra que esas tres pequeñas tentaciones, en realidad no fueron tampoco tan pequeñas. Tengo la sensación de que Jesús hizo que se registraran en la Biblia esas tres en particular porque eran las que le costaron más trabajo.

Jesús pasó cuarenta días intensos aprendiendo cómo contestarle al diablo. Luego leemos unos pocos versículos más abajo: «Y Jesús volvió en el poder del Espíritu…» (v.14). El motivo por el cual Jesús pudo regresar con el pleno poder de la unción después de su prueba en el desierto fue porque Él aprendió cómo responder a su enemigo durante ese tiempo. Cada vez que los enemigos de su época intentaron arruinar su llamado, su vida y su ministerio, Él siempre supo cómo responderles.

¿Alguna vez advirtió que cuando los líderes religiosos trataron de cuestionar a Jesús, Él siempre tuvo una respuesta brillante para darles? Y ellos se fueron perplejos. Jesús no tuvo que ser ni descortés ni odioso. Simplemente, les contestó en forma directa y e inmediata para que sus ataques verbales no se arraigaran en su mente.

Aprender a responder a cada enemigo que le habla a su mente es la manera de ganar la guerra de la mente. Nehemías debió responder a sus enemigos cuando comenzó a restaurar los muros de Jerusalén que había derribado Nabucodonosor. Cuando los enemigos de Nehemías que no querían que se reconstruyeran los muros oyeron sobre sus planes: «Hicieron escarnio de nosotros… diciendo: ¿Qué es esto que hacéis vosotros?» (Nehemías 2:19). Hablaron para intimidarlo. Pero la Biblia dice que Nehemías tuvo una respuesta para ellos. Mientras se reían y se resistían: «*En respuesta les dije*: El Dios de los cielos, él nos prosperará, y nosotros sus siervos nos levantaremos y edificaremos, porque vosotros no tenéis parte ni derecho ni memoria en Jerusalén» (Nehemías 2:20, énfasis agregado).

Ahora bien, ¿cuántas veces el diablo intenta colocar un pensamiento en su mente que usted no responde? Todos hemos hecho eso demasiadas veces. Tal vez el diablo le haya dicho que siempre será un fracaso. Tal vez los pensamientos continúan gritando en su mente que nunca será libre del cautiverio de la adicción. Quizás siga oyendo pensamientos de que se va a morir o que nunca podrá mantener un empleo bien pago. Cualquiera sea el pensamiento, no permita que pase sin ser respondido. Comience a responder a las cosas que le hablan a su mente. Advierta que Nehemías les dijo a sus enemigos que ellos «no tenían derecho» a opinar sobre lo que él estaba haciendo. Esos pensamientos tampoco tienen derecho respecto de usted, pero usted tiene que decírselos. Usted debe contestarle al enemigo, de lo contrario, él seguirá hablándole y finalmente lo convencerá de su fracaso.

> Usted debe contestarle al enemigo, de lo contrario, él seguirá hablándole y finalmente lo convencerá de su fracaso.

Conozco a una mujer cuya vida cayó en la desesperación porque recibió un pensamiento al que no respondió. Siendo adolescente sirvió al Señor, y Dios hacía cosas maravillosas para su familia. Un día su padre recibió órdenes militares y ella y su familia debieron mudarse. El lugar en el que vivían fue en el que se convirtió en una cristiana llena del Espíritu; todo lo que amaba estaba allí. Y se sintió devastada respecto de tener que trasladarse a otro lugar. Siendo una persona tímida que no tenía muchos amigos, se sintió muy molesta ante la perspectiva de tener que entablar nuevas relaciones, y comenzó a pensar que Dios la estaba castigando con esta mudanza. (Advierta qué peligroso puede ser un pensamiento si no sabe cómo abordarlo.)

Como resultado de la creencia engañosa de que estaba siendo castigada, esta mujer comenzó a sentir resentimiento respecto de Dios. Incluso debido a esto tomó una sobredosis de aspirinas. Durante los veinte años siguientes estuvo enojada y quiso escaparse de Dios. Comenzó a beber y a hacerse de malos amigos. Después de la escuela secundaria comenzó la universidad, pero nunca pareció hallar un propósito. Más tarde quedó embarazada en una cita abusiva, así que dejó los estudios. Sabiendo que el aborto no era una opción, comenzó la vida como madre soltera. Y sin un diploma universitario, sólo pudo trabajar por unos pocos dólares por hora para mantenerse a sí misma y a su hijo.

En ese entonces, pensaba por completo que no valía nada. Todo esto porque creyó en pensamientos —sobre Dios y sobre ella misma— que el enemigo plantó en su mente. Gracias a Dios, alguien la invitó a una iglesia llena del fuego de Dios, y tomo la decisión de quedarse, diciendo: «Me quedé porque sentí allí el poder de Dios». Como resultado de ello, luego volvió y terminó su educación universitaria para poder tener un trabajo bien pagado. Actualmente, sirve a Dios con todo su corazón y dejando de lado todo pensamiento previo de autorechazo e inseguridad. Cuando decidió responder a esas creencias y pensamientos de su mente, Dios la liberó poderosamente. Debemos responderles a esos enemigos de la mente que nos dicen que nunca nos levantaremos del polvo ni haremos algo grande para Dios.

Higuera, ¡es tiempo de morir!

¿Se acuerda cuando Jesús encontró en el camino la higuera sin frutos el día en que ingresó a Jerusalén? Esperando hallar algún fruto, no encontró ninguno. No creo que Jesús maldijera el árbol sólo para enseñar a sus discípulos una buena lección de fe, aunque eso fuera importante. Lo maldijo porque la «falta de frutos» en el árbol era una voz de burla en el alma de Jesús. Mirar ese árbol sin frutos era colocar pensamientos en su mente. Piense cuidadosamente acerca de esto: ¿Qué motivo tendría Jesús para maldecir un árbol sin frutos cuando ni siquiera era la época de darlos (Marcos 11:13–14)? Eso sería como enojarse con un manzano por no producir manzanas en invierno. No tiene sentido. Sabemos que Jesús no maldeciría a ese árbol debido a una irritación momentánea como esa. Tiene mucho más sentido ver que el diablo intentó usar ese árbol sin frutos como un símbolo. Le estaba diciendo que su ministerio, especialmente allí en Jerusalén el día anterior, no era verdaderamente fructífero ni efectivo.

Piense en qué había tenido lugar. Jesús acababa de dejar Jerusalén cuando el pueblo le había arrojado a su paso hojas de palma y lo había adorado. Pero inmediatamente después de esa increíble alabanza y adoración, vio a la gente realizar concesiones en el templo y vender palomas (Mateo 21:9–15). Luego mientras estuvo en el templo, sanó al cojo y, nuevamente, los fariseos se enfurecieron en su contra.

Creo que Jesús estaba experimentando un ataque sobre su alma respecto del nivel de lo fructífero de su ministerio. Sé que esto es así porque lo mismo le sucede a muchos pastores. Tenemos servicios poderosos y se sana y se libera a las personas, mientras que al mismo tiempo la gente está pecando y comprometiendo a la iglesia. Además, alguien de alrededor de la ciudad se enfurece porque la gente fue liberada. Puede decirle de un buen ministro que está intentado eficazmente cambiar vidas en su región, pero que sus esfuerzos no están funcionando. Por eso es que muchos pastores se desalientan y renuncian. Puedo ver al diablo intentado eso aquí con Jesús, pero Jesús no cedió a esos pensamientos mentales. En cambio, maldijo al árbol como un acto de venganza. Luego lo usó para enseñarles a sus discípulos cómo evitar sus propios obstáculos (Marcos 11:22-24).

Ciertamente, es algo bueno que Jesús no tuviera un pensamiento como ese. Pero a veces cuando su mente es bombardeada, usted piensa que es sólo usted, o que es la forma en que las cosas van a resultar. Satanás puede utilizar objetos, personas y eventos para plantar mentiras en su mente sobre usted mismo y su futuro.

Con frecuencia, puede que no se dé cuenta de que hay un árbol que ha crecido en su camino intentando burlarse de usted en su propia mente. No importa cómo o por qué creció su árbol. Puede haber crecido debido a su pasado o a su trauma de abuso y adicción. Puede ser un árbol que creció debido a sus propios temores e inseguridades. Pudo haber sido plantado aleatoriamente por el diablo. Independientemente de cómo llegó allí, hoy está tratando de decirle que no va a ganar ni dará ningún fruto para demostrar sus esfuerzos.

Jesús tuvo que resistirse a ese pensamiento como lo hacemos nosotros. ¿Cómo lo hizo? *¡Le respondió al árbol!* Marcos 11:14 dice: «Entonces Jesús dijo a la higuera: Nunca jamás coma nadie fruto de ti. Y lo oyeron sus discípulos». Sí, Jesús se dirigió a la misma cosa que estaba intentando burlarse de Él. En lugar de permitirse recibir un ataque mental respecto de que Él no daba suficientes frutos, le recordó al árbol que intentaba crecer en su mente que sus días estaban contados: «Higuera, ¡es tiempo de morir!».

Al día siguiente, pasó por el mismo árbol (v.20), y estaba muerto. Eso es lo que le enseñó a sus discípulos sobre cómo hacer lo mismo con montañas que intentan ingresar a sus vidas (vv.22–24).

Usted debe responderles a los enemigos que van en contra de su mente y decirles que deben abandonar su alma. Deje de permitirle al diablo que se apodere de su voluntad, su intelecto, sus emociones, su imaginación y su memoria. Cuando esos recuerdos malos y constantes intenten invadir sus pensamientos, respóndales con la Palabra de Dios. Cuando su voluntad le diga que hoy no tiene ganas de orar, *respóndale.* Sí, bien fuerte para que sus propios oídos físicos puedan oírlo. La manera de interrumpir los pensamientos malos es con palabras pronunciadas en voz alta. Cuando sus emociones están gritando y usted quiere explotar de enojo o llorar sin control, puede responderles diciendo en cambio algo divino. Su imaginación dejará de correr sin control cuando comience a tomar autoridad sobre ella y luego llene su mente con otras cosas de Dios. Independientemente de cómo llegue a su mente el ataque, el diablo siempre está planeando cómo usar su alma contra usted mismo. Arrójelo fuera de sí en el nombre de Jesús, y dígale a su mente que sea libre. Dios quiere que su reino del alma sea una bendición en su vida, ¡no una carga! Después de todo, el Señor se la otorgó como una herramienta para servirle.

Imágenes en el pozo del dragón

Dios usó a Nehemías con tanto poder como uno de su pueblo que reconstruyó el legado de Israel luego de que saliera de su cautiverio en Babilonia. Así como salimos de nuestros propios cautiverios, así Nehemías también tuvo que responder a los enemigos que querían jugar con su mente. Cuando se levantó para reconstruir los muros de Jerusalén estuvo a punto de encontrarse con muchos enemigos que querían hacer pedazos su confianza. Pero los famosos Sanbalat y Tobías se levantaron primero y, mientras, Nehemías 2:10 dice: «... les disgustó en extremo...».

> Cuando Dios habla, es una revelación.
> Usted no tiene que «convencerse» de
> ello, simplemente *sabe* que lo *sabe*.

Ahora bien, hay algo llamado enojo, pero luego está la *ira*. Estos dos no estaban sólo furiosos; estaban lo suficientemente furiosos como para matar. No querían que se reconstruyera el muro porque esto significaba que perderían sus propias posiciones de control. Son una imagen perfecta de la actividad demoníaca que viene a hacer pedazos su vida en el momento en que usted decide dar un paso en una época con el Señor. Una vez que decide levantarse del cautiverio del pasado y reconstruir su nuevo propósito, el diablo se molestará porque va a perder algún territorio de control. Hará todo lo que esté a su alcance para detenerlo. Nehemías tuvo que aprender a enfrentarse a los enemigos que venían a intimidar su mente.

> «Me levanté de noche, yo y unos pocos varones conmigo, y no declaré a hombre alguno lo que Dios había puesto en mi corazón que hiciese en Jerusalén; ni había cabalgadura conmigo, excepto la única en que yo cabalgaba. Y salí de noche por la puerta del Valle hacia la fuente del Dragón y a la puerta del Muladar; y observé los muros de Jerusalén que estaban derribados, y sus puertas que estaban consumidas por el fuego.»
> —NEHEMÍAS 2:12–13

Advierta que se estaba preparando para la tarea que le esperaba, Nehemías debía pasar varias puertas. Creo que pintaban aquí un ejemplo profético, que con frecuencia es por qué la Biblia registra factores específicos como estos. Primero pasó por la puerta del valle, que era la puerta que conducía al valle de Josafat, con frecuencia denominado el valle de los cuerpos muertos, porque allí es donde murieron los ejércitos de Amón y Moab cuando se enfrentaron con Josafat (2 Crónicas 20:1–26).

¿Pudo haber sido la misma puerta que cruzó Jesús en su camino al Calvario? Nadie lo sabe por cierto. Nehemías cruzó esta puerta porque representaba que tendría que conquistar a los enemigos que parecían imposibles de derrotar (como lo hizo Josafat), pero que fueron completamente vencidos.

Luego, Nehemías fue también en busca de la fuente del Dragón. Este cuerpo de agua era muy interesante y conlleva un mensaje importante concerniente a la guerra mental. La fuente del Dragón era un pozo «enroscado». Recibía su nombre porque se enroscaba como un dragón o una serpiente, pero algunos relatos históricos dicen que había allí una imagen real de un dragón luego de la destrucción de Jerusalén. Otros dicen que la gente creía que las serpientes y los dragones vivían allí. En cualquiera de las versiones, algo demoníaco debía haber para recibir el nombre «fuente del Dragón».

Que Nehemías atravesara la fuente del Dragón representa vencer un ataque a la mente en un reino que no podemos ver. Las cosas que se enrollan hablan de confusión y tormento mental que impiden que una persona sepa en qué rumbo va. Es como una persona borracha que no puede caminar en línea recta porque no está sobria. Los ataques mentales evitarán que lo haga, que camine en la dirección que Dios quiere que usted camine. Piénselo. Un día está muy entusiasmado sobre una oportunidad laboral.

Luego algo golpea su mente, y al día siguiente se siente sin esperanzas y desalentado, y no sabe qué quiere perseguir en la vida. Esto se debe a las imágenes mentales y los pensamientos que han tratado de sacarlo del rumbo. Intentan pintar una imagen de total desesperación y derrota sobre su futuro. Dejarlas continuar sólo hará que la «imagen del dragón» se vuelva cada vez más grande. Ahí es cuando la imagen se solidifica dentro de usted hasta que nada de lo que digan los demás lo hará pensar de manera diferente.

En el Salmo 55:2, David dijo: «¡Óyeme y respóndeme, porque mis angustias me perturban! Me aterran» (NVI). La palabra *perturban* en este versículo significa «agitarme» y «estar distraído». Cuando se han hecho pedazos sus pensamientos, pronto se hallará fuera de rumbo si no sabe tratar con ellos. Nehemías necesitaba superar imágenes de fracaso, desaliento e inseguridad si es que iba a reconstruir lo que había sido derribado. Debemos «limpiar» el aire de esas imágenes mentales infladas, sino nos sofocarán.

> Si puede ganar las batallas del alma y responder a los pensamientos que llegan para desalentarlo, entonces podrá aclimatarse a las pruebas de la vida.

Luego, por último, debo mencionar que Nehemías debió atravesar la puerta de estiércol. Esto evidentemente representa un compromiso con la divinidad y una voluntad de eliminar toda impureza de su vida. Hacerlo también es un paso muy importante para ganar las batallas de la mente. Si aún está comprometido y planea seguir pecando, entonces tampoco se alinearán nunca sus pensamientos.

Vaya a la fuente

Hay algunas maneras simples de reconocer y derrotar pensamientos malos que quiero mencionarle aquí. También quiero que vea cómo responder adecuadamente a los pensamientos divinos. Estas son tres claves que lo llevarán a la fuente de sus pensamientos para que pueda ganar la batalla del alma.

Encuentre la fuente.

Primero, decida dónde se originó el pensamiento. Si provino de Dios, reflejará su carácter y los principios de la Biblia. Tendrá un tono correcto. Eso no significa que siempre lo hará sentir instantáneamente feliz, porque Dios puede hablarle para corregirlo. Pero cuando Él hable, será diferente. La voz de Dios le hablará a su espíritu, luego usted procesará lo que Él le diga en su mente.

Lo que quiero decir con esto es: Cuando Dios habla, lo afecta como una bombilla de alumbrar. Es una revelación con la que usted no tuvo trabajo en su mente. Cuando Dios le habla al espíritu de un hombre, Él imparte. ¡Es como si usted lo hubiera sabido desde siempre! No tiene que convencerse de ello: Usted simplemente *sabe* que lo *sabe*. Luego sus pensamientos comienzan a procesar y a apoyar lo que revela el Señor.

Por otro lado, cuando el diablo tiene algo para decir, en algún lugar el carácter de Dios y los principios de la Biblia se verán comprometidos. Por lo general, uno se siente confundido. Es como recibir una trompada en el estómago o estar inflado de egoísmo y orgullo. Luego lo «elabora» y lo «cuestiona». Los pensamientos siguen llegándole como si usted dijera: «¡Vaya, otra cosa más!». Usted nunca se siente en paz o decidido mientras piensa en eso, ni tampoco encuentra la solución.

Esta es la clave principal: Los pensamientos del diablo nunca lo conducirán a la oración o a Dios. Lo inducirán a pecar, recaer, abandonar la iglesia y el ministerio, alejarse de su familia, enojarse, chismorrear o simplemente actuar mal. Si viene el pensamiento y usted no puede adorar a Dios mientras lo está pensando, ¡entonces cuestione la fuente! Si no puede orar en voz alta y hablar con Dios sobre ello sin confianza, entonces probablemente no provino del Señor.

Responda a la fuente.

Cuando le llega un pensamiento, siempre haga algo con él. Si provino del diablo, responda con la Palabra de Dios como lo hizo Jesús cuando dijo: «Escrito está...» (vea Lucas 4:1–14). Jesús no permitió que los pensamientos quedaran sin respuesta. Usted debe responder a los ataques mentales del diablo con una respuesta verbal. Si los pensamientos continúan diciéndole que sus finanzas siempre serán un fracaso, no se preocupe por ello. Póngase de pie y diga: «Rechazo ese pensamiento. Mis finanzas van a mejorar». Si se avergüenza demasiado y no quiere que lo oigan los que lo rodean, entonces vaya a otro cuarto y dígalo, pero nunca deje de responder a esos pensamientos.

A veces, no respondemos porque ni siquiera queremos admitir ante nosotros mismos que tuvimos tal pensamiento. Pero si permitimos que sigan, seguirán viniendo. Debemos hacerle saber al enemigo dónde estamos parados respecto del tema. Como dije antes, las palabras pronunciadas en voz alta abortarán sus pensamientos, porque su cerebro debe cambiar lo que estaba pensando antes cuando su boca las dijo. Luego, por otra parte, si Dios le está hablando, respóndale en oración, adoración y gozo. Dios sí nos habla, y Él quiere que le respondamos y seamos receptivos a las cosas que Él tiene para decir.

Actúe sobre la fuente.

Actuar sobre la fuente significa que *debemos* hacer físicamente algo para respaldar lo que *decimos* sobre el pensamiento. Si el pensamiento era malo, entonces hago algo bueno en oposición directa a él. Por ejemplo, si el pensamiento era sobre su fracaso financiero, usted puede dar una ofrenda. Si fue un pensamiento para desalentar su sanidad, vaya y ministre a los enfermos. Si fue sobre odio y rechazo hacia sí mismo, contrarréstelo haciendo algo bueno por usted y demostrándole amor a los demás. Si su pensamiento fue de temor, entonces dé un paso adelante en fe. Por supuesto, si Dios le dijo algo, usted querrá demostrar con sus acciones que confía en Él. Si el pensamiento provino del Señor o del diablo, siempre actúe con probidad y será bendecido.

Cuando aprendemos a ganar exitosamente la batalla para

nuestras almas, hemos cruzado uno de los obstáculos más grandes para obtener la victoria después de que han desmoronado nuestra vida. Si puede ganar las batallas del alma y responder a los pensamientos que llegan para desalentarlo, entonces podrá aclimatarse a las pruebas de la vida. Recuérdese a sí mismo todos los días que estas batallas de la mente no tienen el poder de controlarlo. La idea falsa de la imaginación, una voluntad desafiante, las emociones perturbadas, un intelecto orgulloso o una memoria quebrada no coinciden con la unción de Dios ni con el poder del nombre de Jesús. Cuando se ha hecho pedazos su alma, Dios lo ha facultado para tomar de nuevo la propiedad a la que tiene derecho de su alma y a permanecer en el control de su mente. ¡Debe agradecerle por eso!

«Buscad al que hace las Pléyades y el Orión, y vuelve las tinieblas en mañana, y hace oscurecer el día como noche; el que llama a las aguas del mar, y las derrama sobre la faz de la tierra; Jehová es su nombre.»

[AMÓS 5:8]

CAPÍTULO 5

ESTE CICLO de PROBLEMAS DEBE DETENERSE

ENTONCES, ALLÍ ESTABAN SENTADOS, ELABORANDO UN PLAN viciosamente, probablemente en algún lugar secreto de reunión durante alguna hora extraña de la noche. Generalmente, ese es el sitio para este tipo de conspiraciones. Todos los que estaban en desacuerdo en reconstruir el muro de Jerusalén estaban allí. «Veamos», dijeron. «Esperaremos hasta que no estén mirando y los tomaremos fuera de guardia, los mataremos a todos». Todos los intentos previos para interrumpir el proceso de reconstrucción habían fracasado, así que ahora optaron por un último recurso: ¡el asesinato!

«Pero aconteció que oyendo Sanbalat y Tobías, y los árabes, los amonitas y los de Asdod, que los muros de Jerusalén eran reparados, porque ya los portillos comenzaban a ser cerrados, se encolerizaron mucho; y conspiraron todos a una para venir a atacar a Jerusalén y hacerle daño. Entonces oramos a nuestro Dios, y por causa de ellos pusimos guarda contra ellos de día y de noche. Y dijo Judá: Las fuerzas de los acarreadores se han debilitado, y el escombro es mucho, y no podemos edificar el muro. Y nuestros enemigos dijeron: No sepan, ni vean, hasta que entremos en medio de ellos y los matemos, y hagamos cesar la obra. Pero sucedió que cuando venían los judíos que habitaban entre ellos, nos decían hasta diez veces: De todos los lugares de donde volviereis, ellos caerán sobre vosotros» (Nehemías 4:7–12).

Debajo de la sombra de la muerte

Con un ciclo constante de problemas, teniendo que atravesar un evento peligroso tras otro, Nehemías no iba a detener este momento, incluso bajo amenaza de muerte. Sin importar qué sucediera, él iba a reconstruir la promesa de Dios. Iba a levantar los muros que había derribado Nabucodonosor, aún cuando los ataques en su contra fueran implacables.

Si vamos a reconstruir nuestros sueños y a regresar de un espíritu de cautiverio en cada área, tendremos que esperar que el enemigo no juegue limpio. Él ha disfrutado de una cierta medida de control en diversas áreas de nuestras vidas y no quiere que reclamemos esas cosas, así como Sanbalat y Tobías no querían ceder su control. Entonces a veces el diablo intentará crear un torbellino de problemas para distraerlo de la tarea de reconstrucción de su vida y de sus futuros sueños.

Los muros de Jerusalén que Nehemías había resuelto construir conllevan un significado profético. Los muros hablan de sus defensas. Representan el hecho de que ha trazado una línea y que no quiere que ningún intruso la cruce. Las personas colocan cercos alrededor de sus negocios y hogares con un propósito principal: Proteger su propiedad alejando a los demás. Los muros son una declaración de las líneas territoriales. Definen los espacios que están reservados para un propósito específico o que pertenece a grupos o a una persona específica. Están allí para enviar un mensaje claro, no verbal.

Ahora puede comprender por qué los adversarios de Nehemías se enojaron tanto por la reconstrucción del muro. Estaban recibiendo el mensaje bien claramente. De repente tenían que llegar a un arreglo con el hecho de que las defensas que había destruido Nabucodonosor volvían a colocarse en su lugar. Así que decidieron crear una sombra de temor: Una amenaza de muerte.

Vivir en la sombra de la muerte significa que usted está bajo una constante nube oscura de algún desastre inminente. Pienso en ella como un dibujo animado de la Pantera Rosa que ví hace unos años. La Pantera estaba haciendo sus cosas cuando aparecido una pequeña nube de lluvia sobre su cabeza. Entonces dondequiera que fuera, la pequeña «nube oscura» la seguía sobre su cabeza. En todos los demás lugares estaba soleado, salvo en el pequeño espacio donde estaba la Pantera. La nube la seguía dentro de los edificios, en su casa, y hasta se apretaba sobre y debajo de objetos, sólo para acosarla. Incluso trató de arrojarla a un cesto de basura, pero no logró nada. Sin importar qué hiciera la Pantera Rosa, seguía lloviendo. ¡Pero sólo sobre ella!

> Los ciclos de problemas son el motivo por el cual muchas personas nunca se encuentran avanzando hacia su liberación del cautiverio o hacia su propósito en la vida que Dios les dio.

Así es la sombra de la muerte. El significado literal de la frase bíblica «sombra de muerte» es eso mismo. Es una sombra oscura de problemas que continúa intentando quitarlo de en medio. Piense durante un instante: Se crea una sombra a partir de un objeto que interfiere con cualquier fuente de luz. La luz está obstaculizada de generar algún brillo sobre algo debajo del objeto. La única forma de quitar esa sombra es retirando el objeto que obstruye la luz. Esas obstrucciones son como pruebas y problemas que quieren mantenerlo en ese ciclo hasta que se distraiga por completo de reconstruir sus sueños para Dios. Le hace pedazos su vida hasta que ya no puede mantenerse enfocado.

Los ciclos de problemas son el motivo por el cual muchas personas nunca se encuentran avanzando hacia su liberación del cautiverio o hacia su propósito en la vida que Dios les dio. Simplemente están intentando mantener sus cabezas por sobre el agua mientras tratan con todos los problemas. Un ejemplo de esto es cuando alguien recibe un ministerio durante un poderoso servicio de la iglesia, luego comienza de inmediato a extinguir fuegos personales a lo largo de la semana siguiente. Ahora bien, ese momento en que le cambió la vida en la iglesia ya no está en su mente. Ya no se concentra en andar de acuerdo con la Palabra de Dios que recibió. En cambio, la supervivencia cotidiana lo consume: Disciplinar a un hijo travieso, limpiar un sótano inundado, llamar a acreedores enojados para a-rreglar los pagos, y ver qué pueden hacer acerca de su auto haciendo cuentas para pagar los gastos.

Luego, aproximadamente al mismo tiempo se dirimen algunos de esos problemas, y vienen otros. Sus empleos están en la fila, un pariente se enojó y hay que colocar la capa dulce del pastel, descubren que tienen que operarse. ¿Las cosas podrían estar peor? ¿A quién le importa que hay que trabajar sobre el enojo o sobre problemas de inseguridad? Olvídese de dejar de fumar hasta que pueda encontrar aguas más tranquilas. Y en cuanto al futuro de grandes sueños para Dios, dicen: «No puedo centrarme en eso ahora».

> Usted no puede encontrar un verdadero propósito en la vida o levantarse del cautiverio del pasado, porque está demasiado ocupado tratando con los problemas actuales.

Estos ciclos de problemas hacen pedazos las vidas de muchas personas, como lo hicieron con Nehemías. Sus problemas tenían un propósito apuntado: Retirarlo de la misión de construir el muro. Eso es exactamente lo que el diablo desea para usted. Él quiere que esté debajo de una sombra de muerte de problemas para que no pueda concentrarse en ser todo lo que Dios quiere para usted. Usted no puede encontrar un verdadero propósito en la vida o levantarse del cautiverio del pasado, porque está demasiado ocupado tratando con los problemas actuales.

En lo profundo de su corazón, usted quiere reconstruir sus muros espirituales y trazar una línea entre usted y su «cautiverio de Nabucodonosor» del pasado, pero realmente, ¿quién tiene el tiempo para hacerlo? Usted casi puede oírlo: *Mmm, sí, Señor,* sería lindo ser libre de una vez por todas de la profunda herida que me causó el divorcio, pero cómo puede suceder eso cuando… Un momento por favor, Billy se cayó y se cortó la rodilla, y el viento arrojó la basura por toda la calle. Ahora vuelvo y, eh, Dios… ¡quisiera una contraseña en caso de lluvia para otra oportunidad sobre la reconstrucción del muro, por favor!».

Allí va el refrigerador

Recuerdo cuando compramos nuestra primera casa; fue una expansión de fe y resolución. Era una pequeña casa de dos dormitorios de unos 90 metros cuadrados que incluía un pequeño sótano. Era pequeña pero linda. Estábamos muy entusiasmados con ella. El pago que realizábamos era la mitad de nuestros ingresos. Hasta el día de hoy, no sé cómo nos arreglamos para hablar con el banco a fin de que nos concedieran el préstamo, pero lo hicimos. Por supuesto, nos mudamos de un departamento que ya venía con artefactos, de modo que tuvimos que comprar algunos. No teníamos mucho dinero para gastar, así que los artefactos que necesitábamos debían ser usados. Necesitábamos un refrigerador, una lavadora, una secadora y luego un microondas. Sólo cuatro cosas. Pero parecían ser veinticinco.

Mi esposo compró un periódico y comenzamos a ver quién vendía esos artefactos. ¡Sí! Ahí estaba, un anuncio en el periódico de una pequeña tienda que alguien tenía en su garaje. Decía: «Artefactos restaurados y reparados a buenos precios», así que allí nos dirigimos.

El negocio tenía una gran selección de refrigeradores. Pero había un problema, o eran demasiado pequeños, o demasiado grandes o… marrones, o de un verde espantoso, o amarillos. *¡Puaaaj!* ¡Por favor, Señor! No podía tolerar la idea de colocarlos en nuestra casa nueva y pequeña. Luego, justo cuando nos estábamos yendo, algo nos llamó la atención. Allí estaba, un refrigerador-congelador de buen tamaño, básico, con una manija color café. ¡Era genial! Por sólo un poco más de cien dólares, le dijimos al vendedor que nos lo llevábamos. Él nos dijo sinceramente que tenía más de quince años, pero que lo había «remozado» y que funcionaba a la perfección.

También encontramos a alguien que vendía una lavadora y una secadora. No eran del mismo juego, pero no tenía importancia. También tenían unos veinte años de antigüedad. ¡Hasta encontramos un microondas! Todo estaba listo y nos mudamos a nuestra casa de ensueños.

Las cosas parecían funcionar bien hasta que nos despertamos una mañana: El día de las «roturas». Era el ciclo de los artefactos en problemas. Primero fue la secadora: ¡murió! Luego le siguió la lavadora. Me chocaron el paragolpes trasero del automóvil. Se descompuso el triturador de desechos, parte de la plomería de la casa se rompió y, por supuesto, esto sucedió cuando la estábamos arreglando... sí, ¡le tocó el turno al refrigerador! Sospechaba que algo andaba mal cuando fui una mañana a buscar unos cubos de hielo al congelador y mi mano tocó un charco de agua. ¡Ajá! ¡Sí, el motor no quería saber nada más! Se acabó el glorioso refrigerador blanco, reparado, de cien dólares.

Luego, para mantener coherente el ciclo de problemas, se empacó el refrigerador lleno de comida de la compra del día anterior. Carne, leche, manteca, huevos... y sigue la lista. Una casa nueva y no funciona nada, mientras la leche se pudre sobre la mesada. Éramos dueños tan felices de una casa. Ahora nos hace gracia, pero vaya, no era gracioso cuando tuvimos que comenzar a despojar las onerosas compras del «hermoso refrigerador» y apilarlas en la cocina. Ah, el microondas en realidad sobrevivió al ataque vicioso de la sombra de la muerte.

Cuando golpea el primer problema generalmente uno trata de mantenerse espiritualmente tranquilo. Cita algún pasaje de las Escrituras, ora y está de acuerdo con ella, y se ríe del diablo. Luego cuando golpea el problema número dos comienza a sentir algo de frustración. Para cuando comienza la avalancha descubre qué hay verdaderamente dentro de sí. Si no es tan espiritual como pensaba que era, se encuentra diciendo cosas como «¿Por qué a mí, Dios?

¡No es justo! Te hice una ofrenda ¡y ahora ocurre esto!». Luego se da contra las paredes, llora y se queja. Toda su espiritualidad, o la falta de la misma, aparece burbujeando en la superficie. Su nivel de fortaleza surge claramente para que todos la vean.

Proverbios 24:10 dice: «Si fueres flojo en el día de trabajo, tu fuerza será reducida». Eso significa que si se ha interpuesto en su camino un ciclo de adversidad y «usted es flojo», entonces debe hacer algo para incrementar su nivel de fortaleza para manejar la batalla que tiene entre manos. En realidad, la palabra *flojo* en este versículo significa literalmente «hundirse». Hundirse significa que lentamente está siendo tragado por algo. Puede que sea tragado por las mismas circunstancias, pero con mayor frecuencia está siendo tragado por su respuesta a ellas. Si estudia un poco más la palabra «flojo», descubrirá que hundirse tiene que ver con volverse descorazonado. Significa que desarrolla un espíritu de «rendirse», porque piensa que el problema es demasiado grande para usted.

Ojala pudiera decir que experimentamos un milagro perfecto para arreglar esos problemas con los artefactos, como alguien que colocó un sobre en nuestra puerta con mil quinientos dólares dentro o algo así. Pero eso no sucedió. Fuimos rescatados por una tarjeta milagrosa de Sears, y compramos todo de nuevo. Estábamos aprendiendo a responder a nuestros enemigos y a luchar contra los problemas de una manera espiritual. Aún estábamos en la escuela del Espíritu de Dios. Aprendíamos cómo responder a nuestros enemigos y a luchar contra los ciclos de problemas de manera espiritual. Por supuesto, desde ese entonces, hemos visto nacer muchos milagros de nuestra resuelta fe, que nuestra «salvación de Sears» no es más que un recuerdo que nos hace reír.

Puede que usted diga: «Comprendo que su problema de los artefactos rotos haya sido frustrante, ¡pero yo estoy en medio de una guerra en serio!».

Es verdad, algunos problemas no permiten el humor. Son asuntos graves, que sin la intervención de Dios alguien puede morir, una familia podría separarse o el futuro podría verse seriamente comprometido. Tal vez usted esté en la remezón de una serie de tragedias y necesite fuerza para recuperarse. Siéntase alentado porque Dios es un experto en remedios.

> «Buscad al que hace las Pléyades y el Orión, y vuelve las tinieblas en mañana, y hace oscurecer el día como noche; el que llama a las aguas del mar, y las derrama sobre la faz de la tierra; Jehová es su nombre.»
>
> —Amós 5:8

La promesa de este versículo es que el Señor tiene el poder de transformar la sombra de la muerte en la mañana. En otras palabras, Él puede tomar alguna «sombra de muerte» que cuelgue sobre su vida y quitarla para que la luz pueda brillar de nuevo. El motivo por el cual este versículo de las Escrituras le dice que busque al Señor que tiene el poder de mover estrellas y de controlar los mares es porque el Espíritu Santo quiere que usted vea que su situación no es difícil para el Señor. Cuando usted se vuelque a Dios para todo, descubrirá que la imposibilidad se derrite ante usted. Si se olvida de buscarlo cuando está en problemas, se encontrará hundiéndose en la desesperación.

Dios no expresaría el hecho de que su poder es así de poderoso si Él no planeara usarlo para ayudarlo. Él no lo balancea delante de usted como un dulce y luego dice: «Sí, sé que es bueno, pero no hay nada para ti hoy porque tengo mis razones divinas». Todo lo que busca Dios es algo de determinación en usted para buscarlo en pos de la respuesta y no cejar hasta que esta llegue. Él está esperando su fe implacable.

¡Eso es lo que atrae la atención de Dios! Es como encender una mecha de dinamita espiritual y prepararse para una explosión. A la fe de nuestro corazón llegará este poder explosivo de Dios obrando. Hebreos 11:6 dice: «Pero sin fe es imposible agradar a Dios; porque es necesario que el que se acerca a Dios crea que le hay, y que es *galardonador de los que le buscan*» (énfasis agregado). Dios está buscando cierta diligencia para decir que usted no va a rendirse, sino que se pondrá de pie sobre la promesa de que Él ingresará y evitará que este ciclo de problemas haga pedazos su vida.

> **Cuando usted se vuelque a Dios para todo, descubrirá que la imposibilidad se derrite ante usted.**

Busque al Señor con fe, no sólo una fe que de algún modo Él le ayudará a arreglárselas a través de las pruebas. No, usted debe tener el tipo de fe que diga: «Señor, tú vas a hacer lo imposible por mí ahora mismo. ¡Estoy esperando ser liberado!». Luego elija no darse por vencido en esa actitud hasta que su poder magnífico se manifieste para usted.

El hombre que no se rindió

Conozco a un hombre que no se rindió cuando su ciclo de problemas continuaba atacándolo. Hace algunos años su esposa inició el divorcio. Con sus sueños desmoronándose, este hombre se halló a sí mismo solo teniendo que pagar el sostén de sus hijos, el automóvil, y la casa donde vivían su esposa y sus hijos. Mientras las facturas se apilaban, su abogado le aconsejó que se presentara a la quiebra. Ante cualquier obstáculo posible que se le presentaba una y otra vez, siguió adelante con resolución. Se negó a aceptar la bancarrota como la salida fácil.

Luego, un día su ex esposa se mudó con otro hombre, pero aún no le permitía tener la casa por la que estaba pagando. Cuando los tribunales finalmente resolvieron que él podía tener la posesión de la casa a los efectos de venderla, regresó para descubrir que había sido destrozada por dentro. Hoy su testimonio es que aunque la embestida de problemas parecía en ocasiones insoportable, él siguió dando diezmos, haciendo ofrendas, y asistiendo a la iglesia. Dijo: «Seguí los principios bíblicos que me enseñaron mis pastores y, hasta hoy, nunca me declaré en quiebra, los honorarios de mis abogados están al día, e incluso tengo una caja de ahorros con el equivalente a dos meses de mi salario en ella. No hubiera podido imaginar este resultado después de todos esos problemas aparentemente imposibles».

Aunque él no pudo ver venir este alud de problemas, no se rindió. En cambio, esperó que Dios luchara por él y su destino. Estaba dispuesto a defender lo justo, incluso cuando el enemigo quería que se rindiera al fracaso. No cejó.

No reaccione... responda

Nehemías podría fácilmente haber reaccionado temerosamente a la conspiración de Sanbalat y Tobías. De hecho, en un momento, supo que intentaban asustarlo enviando cartas malignas sobre él a toda la región (Nehemías 6:19). Sin embargo Nehemías había decidido ya hace mucho tiempo que iba a reconstruir este muro a toda costa. Estaba resuelto a ver sus sueños y promesas salir del cautiverio aunque todo enemigo imaginable quisiera impedirlo. Cuando conspiraron para asesinarlo, Nehemías no reaccionó. En cambio, respondió. Una respuesta envía un mensaje, mientras que una reacción sólo parte de uno. La respuesta de Nehemías fue:

> «Entonces por las partes bajas del lugar, detrás del muro, y en los sitios abiertos, puse al pueblo por familias, con sus espadas, con sus lanzas y con sus arcos. Después miré, y me levanté y dije a los nobles y a los oficiales, y al resto del pueblo: No temáis delante de ellos; acordaos del Señor, grande y temible, y pelead por vuestros hermanos, por vuestros hijos y por vuestras hijas, por vuestras mujeres y por vuestras casas».
> —Nehemías 4:13–14

Muy bien, entonces saquemos algunos principios de su respuesta que podamos usar en nuestro propio ciclo de problemas.

Organice un plan de batalla.

Nehemías fácilmente podría haber arrojado la toalla sobre el proyecto de la construcción del muro, especialmente a sabiendas de que corrían peligro las vidas de las personas. Cuando se trata de esto, usted está en el último punto de la prueba, el punto de abandonar. Cuando la tormenta es tan severa generalmente habrá personas que lo alienten a renunciar. Si no sabe cómo seguir un plan de batalla con el Señor, entonces mirará a su alrededor y quizá se encuentre en retirada.

¿Cómo halla un plan de batalla? Nehemías colocó armas en las manos de la gente. A usted el Espíritu Santo le entregó armas espirituales que figuran en Efesios 6:11–18. Pero cuando siente el calor, ¿realmente se asegura de que están en sus manos? ¿Verifica para asegurarse de que su cinturón de la verdad brilla y está listo para funcionar? ¿Está blindada su fe? ¿Está preparada su espada y lista para la acción? ¿Está el nombre de Jesús en su boca?

Tome su arma y su plan de batalla y vaya a pararse en el muro que planea construir. Luego úselos en la forma en que el grupo de Nehemías lo hizo. Use esas armas contra el ciclo de problemas.

Permanezca en su puesto.

La mayoría de las verdaderas batallas espirituales no se ganan en un solo día, de la misma forma que las guerras naturales llevan tiempo. Si el enemigo es muy resuelto, entonces usted tendrá que ser mucho más resuelto.

Uno de los motivos por el que tantas personas nunca progresan se debe a que somos «peculiares». Un día estamos «en la fe» respecto de nuestras circunstancias, y al día siguiente nos desmoronamos en frustración.

Algunos días huimos de esas circunstancias y otros días luchamos; así nunca lograremos el resultado de victoria deseado.

Si es que va a ganar una guerra espiritual, entonces tendrá que perseguirla todos los días. Permanezca en su puesto, enfrente la ferocidad del enemigo, y permanezca «en fe».

Examínese periódicamente.

Esto no significa que se condene constantemente, sino que se verifique para asegurarse que está obedeciendo a Dios y viviendo bien. Advierta que Nehemías «inspeccionaba las cosas». En otras palabras, se aseguraba de que todos estaban donde se suponía que debían que estar, permaneciendo obedientes.

Asegúrese de que no tiene un pecado oculto en su vida y de que está hablando correctamente. Sus palabras son armas muy poderosas en el camino a la victoria. Asegúrese de que se alineen con Dios. Proverbios 6:2 dice: «Te has enlazado con las palabras de tu boca...». También asegúrese de que no está recayendo a través de la queja, como lo hicieron los hijos de Israel cuando estaban en el desierto con Moisés. Dios lo ama y le hablará sobre cualquier ajuste necesario que deba realizar. Reciba esos ajustes y realice los cambios que deba hacer.

Resista al temor.

Resistir al miedo es muy importante, porque el temor puede inmovilizarnos como pocas cosas pueden hacerlo. Nehemías le dijo a la gente que no les temiera a sus enemigos. Recuerde que el temor es lo opuesto a la fe, y que los demonios lo usan para disuadirlo de seguir plenamente a Dios. En lugar de confiar en que el Señor obrará milagros, en el fondo de nuestra mente nos estamos apuntalando para otra tragedia, por si acaso. Podemos intentar con todas nuestras fuerzas no aparentar que lo estamos haciendo, pero con frecuencia nuestras acciones nos delatan porque no hablamos como personas victoriosas.

Ya que el miedo es un espíritu maligno porque no nos fue entregado por Dios (2 Timoteo 1:7), la mejor manera de tratar con él es a través de una orden. ¡Debe decirle al miedo que se vaya, en el nombre de Jesús! Dígase a sí mismo en voz alta —periódicamente— que no está atado al miedo y que este no tiene control sobre usted.

Tenga al Señor en su mente.

Nehemías debió recordarle al pueblo que depositara sus pensamientos en Dios. Es fácil comenzar a mirar todo lo que sucede a su alrededor hasta que se olvida de pensar en el Señor. Las cosas y las situaciones pueden consumirlo si no tiene cuidado.

¿Alguna vez se despertó por la mañana, tuvo un muy buen momento de oración, y luego quedó tan atrapado en los eventos del día que estuvo por completo desconectado del Señor hacia el fin del día? Eso es lo que sucede cuando la gente se enfoca en sus problemas; se olvidan del Señor mientras intentan arreglar todo lo demás. No es porque queramos hacerlo, pero en cambio nos centramos en las circunstancias y permitimos que nos consuman. Luego comenzamos a crear remedios que Dios no ordenó.

Luche por su propiedad.

¿Advirtió cómo las circunstancias de los problemas siempre quieren robarle lo que le pertenece? Quieren tomar su dinero, su familia, su salud y su felicidad. A veces estamos tan tristes respecto de las cosas que no encontramos la energía para luchar. ¡Usted también debe decidir que es intolerable para su bienestar que lo despojen!

Quiero abordar este tema más en detalle, porque a veces permitimos que el diablo nos quite demasiado y nunca lo recibimos de vuelta.

Luche por sus cosas

Una mujer maravillosa que asiste a nuestra iglesia me envió un testimonio de la vida real sobre luchar por lo que le pertenece. ¡Me encanta esta historia! Siendo una mujer soltera que se mantenía con dificultades, se enfrentó inesperadamente a la ejecución de la hipoteca de su casa. Sin estar segura de qué hacer, siguió dando diezmos, ofrendando y permaneciendo en la fe.

> El temor es lo opuesto a la fe, y los demonios lo usan para disuadirlo de seguir plenamente a Dios.

¡Sobrenaturalmente, le llegó el dinero que necesitaba para realizar los pagos! Cuando envió el dinero al banco rechazaron su pago y continuaron con el proceso ejecutorio. Entonces, mientras una noche estaba en cama, preguntó: «Señor, ¿qué debo hacer?».

¿Sabe cuál fue la única palabra que oyó en su corazón? En voz alta, el Señor le dijo: *«¡Lucha!».*

En lugar de ceder al temor y a la lástima propia, saltó de la cama y comenzó a alabar al Espíritu. Adoptó autoridad por sobre el diablo y dijo: «Proclamo titularidad sobre este hogar y te lo dedico a ti, Señor». Vino a la iglesia el domingo siguiente, y mi esposo predicó sobre qué puede suceder si uno se rehúsa a dejar solo a Dios en su situación.

Ella dijo: «Señor, ¡Esa es una confirmación, y no me daré por vencida!».

> No hay forma de saber qué milagros podrían suceder si simplemente lucháramos en el espíritu.

Más adelante, esa misma semana, vino a un estudio bíblico para mujeres que yo enseño durante la semana. Sin saber qué le estaba ocurriendo, le profeticé que Dios iba a pagar sobrenaturalmente algunas cosas. Ella volvió a enviar su solicitud para cesar la ejecución y Dios intervino con un milagro. Se quedó con la casa, ¡alabado sea el Señor! Dijo: «Esa situación me recordó que debo luchar aún más y que toda mi casa está libre de deudas». ¿Sabe qué? No tengo dudas de que con un espíritu de lucha como ese, ella obtendrá lo que desee.

No hay forma de saber qué milagros podrían suceder si simplemente lucháramos en el espíritu. El grupo de Nehemías decidió que era intolerable dejar que se detuviera la obra en el muro debido a una distracción.

Muchas pruebas y problemas son concebidos por el diablo, pero no son más que distracciones. Estas distracciones son para evitar que construya nuevamente su vida de modo tal que vaya más allá de estancarse en el cristianismo. Cuando estas cosas intentan impedirle cumplir con su destino tiene que decidir que es intolerable. Dios quiere transformarlo en alguien significativo para el reino. No debe ser alejado de ese propósito.

El arte de construir una guerra

La gente de Nehemías tuvo que convertirse en constructora de guerras. No pudieron elegir entre una cosa o la otra, como quieren hacer muchos cristianos. Tuvieron que luchar y construir al mismo tiempo. En Nehemías 4:15–18, el pueblo tuvo que construir sosteniendo en una mano un martillo y un arma en la otra mientras martillaban un clavo. Se requiere de un arte para hacer eso. Si alguna vez intentó clavar un clavo en una madera, sabrá que es cierto.

¿Puede imaginarse intentar sostener un martillo y una espada al mismo tiempo y lograr algo en cada extremo? Yo no. Intento colgar un cuadro, y luego mientras sostengo el clavito y lo golpeo con el martillo, el clavo se me cae de las manos y va a parar detrás del sillón o a otro lado. Entonces tengo que mover los muebles para encontrarlo. ¡Me irrita tanto! Ni siquiera puedo imaginarme intentar hacerlo, y al mismo tiempo blandir un arma.

Con frecuencia, cuando se trata de cosas espirituales debemos abandonar nuestro proceso de construcción que conlleva levantarnos de una vida de cautiverio con el objeto de manejar la guerra actual. Eso no es lo mejor para Dios. Creo que es un arte construir *mientras* libra una guerra. Si el pueblo de Nehemías pudo hacerlo, entonces nosotros también podemos. Podemos aprender el arte de la guerra, construyendo por ejemplo a partir de la enseñanza de David y Salomón:

> «Tú sabes que mi padre David no pudo edificar casa al nombre de Jehová su Dios, por las guerras que le rodearon, hasta que Jehová puso sus enemigos bajo las plantas de sus pies. Ahora Jehová mi Dios me ha dado paz por todas partes;

pues ni hay adversarios, ni mal que temer. Yo, por tanto, he determinado ahora edificar casa al nombre de Jehová mi Dios...».

—1 REYES 5:3–5

Vemos que David no pudo construir la casa del Señor porque estaba demasiado ocupado librando batallas. Aunque estaba en su corazón (1 Crónicas 22:7), no pudo tener éxito. David estaba demasiado ocupado luchando contra sus adversarios y sus problemas.

¿Significa esto que cuando enfrentamos problemas no podemos construir nuestro destino para Dios eficazmente? No. Creo que podemos ingresar en una experiencia «ahora» con Dios. Advierta qué dijo Salomón: «*Ahora* Jehová mi Dios me ha dado paz por todas partes...» (1 Reyes 5:4, énfasis agregado). En otras palabras, en todos los sitios puede haber guerras, pero luego hay un *momento* en el que todo cambia. Usted cruza a un lugar «ahora» de paz sobrenatural en el que Dios puede ungirlo para construir incluso dónde el enemigo está librando su batalla. De repente usted adopta un espíritu pacífico en medio del problema.

El nombre Salomón literalmente significa *paz*. El Espíritu de Dios en usted quiere moverlo desde la mentalidad de la guerra a la de la paz. No importa qué sucede alrededor suyo; todo lo que sabe es que su Dios de la paz está remediando la situación. El poder y la unción de Dios pueden rodearlo de tal manera que usted no se vea afectado por el rugido del enemigo. ¿No es eso de lo que trata el Salmo 91?

Salmos 91:4 dice: «Con sus plumas te cubrirá...». Dios lo cubrirá para protegerlo de los enemigos que lo circundan. Según el Salmo 91, el hecho de que Dios lo cubra es el motivo por que no debe temer al terror, la pestilencia y la destrucción. Sí, puede tener pruebas con las que tratar, pero *ahora* Dios lo está cubriendo para que se ocupe de construir una vida que sea un poderoso testimonio de su nombre. Cuando le permite a Dios enseñarle a convertirse en un constructor guerrero, algunos ciclos de problemas perderán su capacidad de limitarlo.

Comience a ingresar a la construcción de la guerra pidiéndole a Dios que su Espíritu de paz descanse en usted. Debemos tener fe en que el Señor colocará una cubierta de paz sobre nosotros que calme toda tormenta. Llevar la prueba al lugar donde ya no nos asfixia. Esto es importante porque no queremos convertirnos en personas que atraen un problema nuevo al ser vapuleados todo el tiempo. En cambio, queremos atraer las bendiciones que producen un estilo de vida de paz.

¿Dios lucha por usted?

Necesito saber hoy que Dios está luchando a mi favor. Por supuesto, Dios ama defender y cuidar a sus hijos. Pero encontramos algunos pasajes claves en las Escrituras que harán que Dios, activamente, y con un tipo especial de celos, tome nuestro caso contra el enemigo. Dios lucha por nosotros porque nos ponemos de acuerdo con Él y nos posicionamos para su defensa.

> El poder y la unción de Dios pueden rodearlo de tal manera que usted no se vea afectado por el rugido del enemigo.

La compañía de guerreros de Nehemías no sólo luchó por su destino, sino que también se posicionó para recibir la unción y el poder de Dios para superar su ciclo de problemas. Nehemías 4:19–20 dice: «Y dije a los nobles, y a los oficiales y al resto del pueblo: La obra es grande y extensa, y nosotros estamos apartados en el muro, lejos unos de otros. En el lugar donde oyereis el sonido de la trompeta, reuníos allí con nosotros; nuestro Dios peleará por nosotros».

En primer lugar, estaban librando una batalla en un proyecto muy extenso. Algunas de las cosas que tenemos que reconstruir en nuestra vida son extensas. Para algunas personas, su cautiverio de Nabucodonosor del pasado tiene una profunda fortaleza. Esas personas en la época de Nehemías debieron darse cuenta de que no podían hacer solas la tarea. Iban a necesitarse unos a otros. Una manera en que el enemigo evita que reconstruyamos es a través del aislamiento. O pensamos que no necesitamos a nadie porque somos capaces de estar de pie, fuertes, sin ayuda, o bien pensamos que a nadie le importa verdaderamente. No importa cuál sea el problema, si se ha hecho pedazos su vida necesita otros cristianos que lo ayuden a fortalecerse.

Después de una semana muy ocupada en el ministerio, no siempre siento ganas de asistir a nuestro servicio de oración nocturna en medio de la semana. A veces quiero irme temprano a la cama. ¿Sabe de qué estoy hablando? Normalmente a usted le gusta orar, ir a la iglesia y estar con otros creyentes, pero hay veces en que está demasiado abrumado y cansado. Cada vez que me he sentido así termino yendo al servicio de la iglesia, y cuando comienza a sonar la música y los creyentes empiezan a orar y a adorar a Dios me siento como nueva.

¿Por qué? Porque hay algo en el hecho de codearse con otros creyentes y simplemente en la misma sala con ellos cada semana, que marca la diferencia en su guerra, sin importar cuán cansado esté cuando llegó. Nos necesitamos unos a otros, aunque sea sólo para ver a alguien ponerse de rodillas ante el Señor en la otra punta de la iglesia o elevar sus manos en alabanza. El Cuerpo de Cristo fortalecerá su guerra aún cuando no siempre esté de acuerdo, tal vez porque el estilo de adoración de otra persona sea diferente del suyo. La clave es que estamos allí para construirnos unos a los otros. Cuando los primeros apóstoles estaban en la batalla de la gran persecución, de inmediato corrían a sus amigos en el Señor. Hechos 4:23 dice: «Y puestos en libertad, vinieron a los suyos y contaron todo lo que los principales sacerdotes y los ancianos les habían dicho». En otras palabras, no podían esperar a compartir sus pruebas, sus testimonios y experiencias en la oración y la adoración con sus amigos.

Si queremos que Dios luche por nosotros, todo empieza por permanecer en armonía con el pueblo de Dios. Cuando la Biblia registra la frase «Dios peleará por nosotros», generalmente aparece en referencia a un grupo entero de personas, como sucedió en

Nehemías. Dios nunca defendió a los solitarios que no pudieron hallar una forma de llevarse bien con nadie. Algunos ejemplos de solitarios son Lucifer, Caín y Esaú.

Ahora volvamos a Nehemías 4:19. Las personas se dieron cuenta de que, puesto que el trabajo era de gran magnitud, habría momentos en que tendrían que estar separados por el muro. Sabían que este tipo de separación significaba que eran vulnerables al ataque. Nosotros somos vulnerables al ataque cuando nos separamos demasiado tiempo del cuerpo de Cristo. Nehemías presentó un remedio en el versículo 20. Básicamente le dijo a las personas: «Sé que tenemos una tarea enorme para completar que puede significar que nos lleve a rumbos diferentes por momentos. Pero cuando digo que nos reunamos, ¡vengan de inmediato!» (vv.19–20, parafraseados).

> Si queremos que Dios luche por nosotros, todo empieza por permanecer en armonía con el pueblo de Dios.

Pueden existir momentos en los que reconstruir los muros de su vida lo mantendrán ocupado, pero cuando la puerta de la iglesia está abierta y el llamado está allí para reunirse con otros cristianos, no se lo tome a la ligera. Usted los necesita porque el enemigo está al acecho para sacarlo de ahí si siempre está solo.

Dios toma su caso cuando está en unidad y comunión con el pueblo de su reino. Cuando Dios peleó por Josafat contra los amonitas en 2 Crónicas 20, vemos que, en primer lugar, la gente se reunió (v.4), luego el Señor luchó por ella (v.17). Fue lo mismo que le sucedió a Moisés cuando los israelitas se detuvieron ante el Mar Rojo. Mientras los hijos de Israel se reunieron, el Señor tomó su caso y el mar se partió en dos (Éxodo 14:14–16). En Apocalipsis 19:14–17, Jesús regresa con los ejércitos de su pueblo para librar una guerra contra el diablo.

Por supuesto, el Señor lo ayudará aún cuando usted esté solo, pero hay algo especial acerca de la guerra que Él libra por su pueblo en su totalidad. Recuerde, Jesús lo ama, pero también ama a su iglesia cuando se agrupa. Él luchará por usted en privado, pero la guerra más poderosa de Dios reside en medio de su pueblo reunido.

Puede saber con seguridad que Dios está luchando por usted cuando usted está en estrecha armonía con la familia celestial. Eso sucede, porque como dice Salmo 82:1 (NVI): «Dios preside el consejo celestial...». Hay seguridad alrededor del pueblo de Dios. Allí es dónde Dios luchará contra algunos de los enemigos más desafiantes.

Desde intentar hasta triunfar

Seguramente ha oído a las personas decir: «Intente y luego vuelva a intentar». Es un principio importante para aprender a vencer obstáculos. Si tropieza y se cae en el estacionamiento, entonces la respuesta automática es, por lo general, saltar hacia atrás antes de que alguien lo vea desplomado sobre el pavimento.

Lo mismo se aplica a cada área de su vida. Si se halla luchando en repetidos intentos por vencer dificultades, entonces lo único que le queda por hacer es levantarse e intentar de nuevo. Es muy simple pero vale repetir aquí Efesios 6:13, porque cuando los problemas tratan de hacernos pedazos, con frecuencia nos olvidamos de hacer lo que dice este versículo: «Por tanto, tomad toda la armadura de Dios, para que podáis resistir en el día malo, y habiendo acabado todo, estar firmes». Dice: Habiendo *acabado todo,* estar firmes. Eso significa que haga todo lo posible, todo lo que Dios ha puesto a su disposición para verlo por completo. Luego lo sigue haciendo una y otra vez.

He hablado con personas que atravesaron una prueba y con frecuencia dicen: «Pero pensé que hice todo lo que sabía. Estoy intentando tan intensamente». Bien, nuevamente, es bueno seguir intentando, y ese es un buen punto de partida. Pero hay algo más que intentar. Dios quiere que hagamos algo más que intentar y que lleguemos a ganar. Aunque hayamos intentado, debe aparecer un momento de triunfo. Usted oyó hablar a las personas acerca de adoptar una actitud ganadora. Creo que una de las principales razones por las que algunas personas parecen atraer problemas es porque sólo tienen una actitud de intentar. Sus intentos de ganar están atados con la lástima por sí mismos, de modo tal que nunca atraviesan su ciclo de problemas actual y siguen siendo golpeados por nuevos. Algunas personas incluso usan su multitud de problemas como una forma de obtener una atención constante; así nunca se liberan.

Mire lo que le sucedió al apóstol Pablo cuando se enfrentó a un ciclo de problemas. 1 Tesalonicenses 2:18 dice: «Por lo cual quisimos ir a vosotros, yo Pablo ciertamente una y otra vez; pero Satanás nos estorbó». La Nueva Versión Internacional dice: «nos lo impidió». En otras palabras, el diablo agitó suficientes proble-

> El Señor luchará por usted en privado, pero la guerra más poderosa de Dios reside en medio de su pueblo reunido.

mas para evitar que Pablo llegue a su destino.

Pablo definitivamente estaba haciendo múltiples intentos. Él lo intentaba, pero nada funcionaba. En lugar de *sólo intentar*, hizo algo. Cambió su actitud de intentar a la de ganar.

Observe unos versículos más adelante en 1 Tesalonicenses 3:10–11. Pablo le está escribiendo al mismo grupo de personas y dice: «… orando de noche y de día con gran insistencia, para que veamos vuestro rostro, y completemos lo que falte a vuestra fe? Mas el mismo Dios y Padre nuestro, y nuestro Señor Jesucristo, dirija nuestro camino a vosotros». Cada vez que se topaba con problemas, ¿qué hacía? Comenzaba con cantidades enormes de oración intensa. Ahora bien, estoy hablando de oración *intensa*, no de cualquier tipo de oración. Son lindas, tranquilas, reservadas, pero luego hay oraciones que provienen del fondo de los dedos de sus pies. Este es el tipo de oración que Jesús experimentó en el

Jardín de Getsemaní donde oró tan intensamente que comenzó a transpirar sangre (Lucas 22:44).

Pablo finalmente recurrió a ese nivel de oración porque el ciclo de problemas que lo obstaculizaban era muy vicioso. Creo que Pablo convocaba a la unción de Dios para que interrumpiera el ataque del diablo. Si usted se encuentra en ese tipo de problemas necesita una unción del Señor para que lo faculte.

Luego, Pablo oró algo más que me ministra tan poderosamente. Dijo: «Mas el mismo Dios... dirija nuestro camino a vosotros» (1 Tesalonicenses 3:11). Otra traducción dice: «Que el Dios y Padre nuestro, y nuestro Señor Jesús, nos preparen el camino para ir a verlos» (NVI). Aquí prácticamente convocó por completo a la Trinidad. Me encanta la forma en que lo dijo. En casi un párrafo está diciendo: «Sí, el Padre mismo va a ingresar!». Suena como que ha tenido lo suficiente. La clave aquí es que Pablo estaba orando una oración que tenía el poder de quitar los obstáculos que estaban entre él mismo y su destino. Había tantos problemas que impedían una y otra vez que llegara allí. Pero ahora basta de sólo intentar. Su valiente oración apuntaba a ganar.

Retire la sombra de muerte

Nehemías, el gran héroe constructor del muro, oró durante su ciclo de problemas y lo hizo cuando realmente estuvo tentado a tener miedo. Sea consciente de que desde el momento en que Sanbalat y Tobías habían conspirado para matarlo, vivía bajo una amenaza de muerte constante. A todo lugar al que iba, debía cuidarse las espaldas. Quiero decir que las personas que trabajaban con él no podían cambiarse de ropa todos los días (Nehemías 43). Así de fea era la cosa. Me sorprende que el proyecto continuara. Muchos de nosotros hubiéramos abortado la misión mucho antes de ese momento. Hubiéramos dividido la iglesia, el pastor tal vez hubiera renunciado y la congregación estaría conmocionada.

La valentía y el compromiso de Nehemías con el proyecto de reconstrucción eran tan fuertes, que él no se distraería por la amenaza de la muerte aún cuando era feroz. Una vez sus enemigos incluso trataron de llevarlo engañado a una reunión con ellos para atraparlo. Como siempre, Nehemías conocía sus tácticas. Pero siento escalofríos cuando leo su respuesta a la invitación engañosa: «Y les envié mensajeros, diciendo: Yo hago una gran obra, y no puedo ir; porque cesaría la obra, dejándola yo para ir a vosotros» (Nehemías 6:3). No iba a permitir que amenazas, sombras de muerte, engaños o problemas lo distrajeran de la reconstrucción.

¿Qué ocurriría si reaccionáramos de esa manera cuando volvemos de nuestra historia personal de cautiverio? Por supuesto, cuando él pronunció esas palabras al adversario ya casi había completado su proyecto. Sus enemigos se estaban quedando sin opciones y sin tiempo. ¿Sabe qué? ¡Nehemías realmente estaba ganando!

> Usted no es sólo un conquistador,
> ¡usted es incluso mejor que uno!

¡Ay!, con un intento final, sus enemigos procuraron asustarlo. En un desesperado intento final, el enemigo lo amenazó diciendo: «Se debilitarán las manos de ellos en la obra, y no será terminada» (Nehemías 6:9). ¿No le suena conocido? Justo cuando piensa que no puede blandir la espada del Espíritu, el diablo salta encima de usted y le dice: «Nunca lo lograrás. ¿No te sientes cansado? Ve y ríndete ahora, antes de que te lastimes».

Pero tenemos cosas por aprender de Nehemías. Él oró en un contraataque que llevó el proyecto de construcción a su finalización. Una oración finalmente rompió la sombra de la muerte que lo había estado siguiendo durante toda la obra. Cuando el enemigo le dijo que sus manos era demasiado débiles para terminarlo, él oró: «Oh Dios, fortalece tú mis manos». Él contraatacó en oración y le pidió a Dios que le diera exactamente aquello que su enemigo le dijo que nunca podría disfrutar.

No volverá a levantarse contra usted

Mi esposo y yo conocemos a una querida pareja en el ministerio que resolvieron no dejarse golpear por un ciclo de problemas. Durante un tiempo parecía que las circunstancias de todo tipo intentaban someterlos.

Durante ese período lucharon contra pérdida de ingresos, cirugía de cáncer, cirugía de pie, cirugía de garganta y cirugía de brazo, entre otras cosas. Un ataque después de otro se interponía en su camino, dificultando construir el ministerio que Dios les había otorgado.

Habían recibido una palabra del Señor por parte de un ministro que les dijo: «Sus últimos años de ministerio serán mucho mejores que los primeros». Creyeron en su palabra, pero todo parecía ir en sentido opuesto. Por supuesto, debían plantarse contra el desaliento y contra sentir continuamente que habían hecho algo muy mal, que es lo que quería decirles su mente. Sin embargo, juntos decidieron que no podían aceptar esa mentira, y dirigieron su frustración y su enojo hacia el ciclo de problemas que hacía pedazos sus vidas.

Cuando la esposa decidió que no se iba a deprimir, el Señor le habló a su corazón para que leyera Nahum 1:9, que dice: «...No surgirá dos veces la angustia» (bla). ¡Era eso! Su ciclo de problemas debía cesar porque ella no iba a tolerar una repetición.

Resuelva que no permitirá que los ciclos de dificultad surjan incluso una vez más. No se puede permitir que haga pedazos libremente su destino en Dios. Declare hoy que no volverá a levantarse contra usted. Por supuesto, el diablo siempre le susurrará al oído para hacerle creer que usted será vencido. ¡No lo acepte!

La manera de detener el ciclo de problemas es adoptar la actitud de Nehemías y decidir que todo enemigo será derrotado y no se levantará en su contra nunca más. Sepa hoy que el enemigo no puede vencerlo, a no ser que usted espere que lo haga. Recuerde que Romanos 8:37 dice: «Antes, en todas estas cosas somos más que vencedores por medio de aquel que nos amó». Usted no es sólo un conquistador, ¡usted es incluso mejor que uno!

No tiene que soportar un ciclo constante de problemas. Sí, terminará reconstruyendo ese muro y Dios obtendrá al final toda la gloria. Nada permanecerá, salvo un testimonio increíble acerca de qué puede hacer Dios, si usted se levanta para enfrentar el desafío y le ordena a este ciclo de problemas que se detenga.

«Y así como tuve cuidado de ellos para arrancar y derribar, y trastornar y perder y afligir, tendré cuidado de ellos para edificar y plantar, dice Jehová.»

[JEREMÍAS 31:28]

[CAPÍTULO 6]

LOS OJOS de DIOS ESTÁN SOBRE USTED

CON SÓLO DIECINUEVE AÑOS Y VIVIENDO SOLA EN LA ciudad de Nueva York, Sandy se sentía desgraciada. Se odiaba a sí misma, era anoréxica y tenía pensamientos suicidas. Una noche, después de no haber comido adecuadamente durante semanas, decidió ir a bailar con algunos amigos. Sandy estaba resuelta mentalmente a emborracharse para olvidar durante un breve tiempo sus problemas.

Mientras estaba allí bebiendo con sus amigos, se topó con un antiguo novio que la humilló frente al grupo. Ya golpeada por dentro y ahora ebria, Sandy salió corriendo del club nocturno hacia el medio de la carretera. Resuelta a morir, quería que un automóvil la atropellara y la matara. Eso era todo. No tenía intenciones de regresar, y se enteró de que sus amigos no la siguieron.

Luego, vio los faros viniendo hacia ella. Se mantuvo inmóvil mientras el automóvil se acercaba. Como en cámara lenta, Sandy se sentó a esperar ser atropellada por el auto que venía. Se acercó lo suficiente para que ella viera la matrícula. Evidentemente, el conductor no la vio sentada allí. Lo que sucedió en los siguientes momentos ella no lo esperaba.

De repente, un hombre, eso fue lo que ella pensó, la levantó del suelo y la colocó prolijamente al costado de la ruta justo cuando pasó el automóvil. Luego, tan rápido como sucedió esto, la figura masculina que la salvó desapareció de la vista. El conductor del auto no pudo haber visto lo que sucedió porque nunca bajó la velocidad. «¡Qué extraño», pensó. «Ahora debería estar muerta. ¿Quién me agarró?» Todo lo que podía recordar era que el «hombre» que la rescató era enorme. Justo a tiempo, sus amigos salieron y la vieron sentada al costado de la carretera. Pero nadie supo quién la rescató.

> Incluso cuando uno no piensa que Él está mirando, los ojos de Dios están puestos en usted.

Se fue a casa esa noche aún algo devastada por no haber muerto, pero sobrecogida por lo que pasó. ¿Fue un transeúnte el que la ayudó? ¿Fue uno de sus amigos, o podría haber sido... un ángel... o Dios?

El evento hizo que Sandy temblara incontrolablemente durante días. En lo profundo de su ser, ella lo sabía. Sí, ella sabía que había sido sobrenatural. Tenía que haber sido Dios el que la salvó. ¿Quién otro si no? Dios la había estado observando. Vio su dolor, y la vio en el club nocturno. Dios incluso supo todo el tiempo que ella quería morir.

Sandy sólo tenía que preguntarse: «¿Por qué, Señor? ¿Por qué me ayudaste? ¿Por qué te importé, Dios? Yo no soy nada». A poco de andar, Sandy descubrió que Dios la había ayudado con un milagro porque, aún cuando uno no piensa que Él está mirando, los ojos de Dios están puestos en usted.

> «Mi embrión vieron tus ojos, y en tu libro estaban escritas todas aquellas cosas que fueron luego formadas, sin faltar una de ellas. ¡Cuán preciosos me son, oh Dios, tus pensamientos! ¡Cuán grande es la suma de ellos! Si los enumero, se multiplican más que la arena; despierto, y aún estoy contigo.»
>
> —Salmo 139:16–18

El alcance de cuánto está mirando Dios usted ni siquiera lo puede imaginar. Tal vez no se sienta digno de ello, pero de todos modos sus ojos están puestos en usted.

Se requiere una revelación para comprenderlo. Se requiere una comprensión que no todas las personas, ni siquiera todos los cristianos han recibido. Es saber que Dios lo mira. Él observa cada movimiento suyo.

Con frecuencia, esto es algo que aceptamos y verbalizamos sólo en teoría, pero pocos saben cómo hacer funcionar sus vidas a través de esta poderosa verdad. Sí, decimos cosas como «Él tiene todo el mundo en sus manos», o «Él me carga». Sin embargo, ¿realmente sabemos qué significa decir «Dios nos está observando?».

Dios me dijo un día: «Nada pasa desapercibido para mis ojos todopoderosos».

La respuesta normal a una declaración como esa es: «Bueno, sí, Señor, sé que lo ves todo». Sin embargo, hice una pausa para pensar, ¿por qué Dios querría decirme eso? ¿Qué querría que yo supiera? ¿Yo estaba pecando o desilusionándolo? No, se trataba de otra cosa. Dios quería que yo supiera que cuando Él me mira durante cada milisegundo, hay algo ahí esperando ser recibido. Algo puede suceder en cualquier momento.

Cuando Dios lo mira de cerca, por dentro y por fuera, sucederá lo inesperado. Una vez que conozca lo profundo de esto no sólo recibirá lo inesperado, sino que también entrará al reino de lo inusual. Todo cambia cuando uno se da cuenta que los ojos de Dios están puestos en uno.

No se puede detener la tarea

Muy bien, regresemos a Israel y a su prolongada temporada de cautiverio en Babilonia.

En Esdras 1, cuando Ciro les dijo que podían comenzar a reconstruir el templo, se entusiasmaron con la tarea por venir. ¡Algo estaba cambiando! Sin embargo, aún con la bendición del rey, no estaban preparados para la oposición que debían enfrentar. Así como en el Libro de Nehemías, cuando los enemigos de Nehemías no querían que se reconstruyera el muro de Jerusalén, los enemigos de Israel tampoco querían que se reconstruyera el templo de Jerusalén.

Recuerde, cuando usted quiere hacer la voluntad de Dios, siempre habrá alguien que se agite. El calor de la resistencia era tal que tuvieron que detener la construcción del templo hasta que Darío se convirtió en rey (Esdras 4:5, 23–24). Bajo su reinado sucedió algo que hizo que se comenzara de nuevo con la construcción del templo con un nuevo vigor. Necesitamos este mismo poder para poder construir nuestro destino con el mismo poder implacable, el tipo de poder que no se detiene frente a los obstáculos que constantemente intentan hacernos caer. Por eso lo aliento a que no pase horas preguntándole a Dios por qué algo no salió como usted quería ni tuvo el resultado que deseaba.

¡Usted no está solo! En toda la Biblia, personas que sirvieron al Señor e hicieron su obra fueron vehementemente atacadas por sus esfuerzos. Hay demasiados ejemplos para hacer una lista de ellos. Debemos centrarnos en ingresar en el poder milagroso de Dios a fin de completar el destino que Él tiene para nuestras vidas.

En Esdras 5, hubo dos factores principales que hicieron que se reanudara la construcción del templo. Creo que ambos representan los ingredientes sobrenaturales que Dios quiere darnos a fin de que construyamos nuestras vidas como templos del Espíritu Santo. Necesitamos una unción para lograrlo, de modo de que no se pueda detener la tarea. Cuando tratamos de vivir correctamente y servir a Dios con nuestro *propio* poder, nos frustra la resistencia como lo hizo la gente en Esdras. Aquí es donde muchas personas se dan por vencidas y se conforman con permanecer en algún tipo de «Babilonia».

Sin embargo, para que Israel reconstruyera el templo, llegó una época en que Dios intervino de manera sobrenatural. Ese momento cambió todo. Esto es también algo que necesitamos, un momento de intervención.

Según Esdras 3, sólo podían tender los cimientos del templo antes de que los enemigos detuvieran la obra. ¿Le suena conocido? Damos un paso adelante para servir a Dios, comenzamos a resucitar nuestras vidas del polvo del pasado, y viene el enemigo a interferir. Las pruebas y las tentaciones siempre intentarán detener nuestro proceso de construcción.

Con mucha frecuencia, observamos que muchos cristianos obtienen un buen comienzo en algunas cosas y luego, después de una o dos pruebas, se encuentran retrocediendo. Por ejemplo, cuando empieza a estudiar la Biblia en lo concerniente a sanidad y liberación, el diablo lo atacará en esas áreas. Usted obtiene una nueva revelación sobre diezmos y ofrendas, y el golpe lo reciben sus finanzas. Usted acaba de tender los cimientos, y entonces aparece su adversario. Marcos 4:15 dice: «Y éstos son los de junto al camino: en quienes se siembra la palabra, pero después que la oyen, en seguida viene Satanás, y quita la palabra que se sembró en sus corazones».

¡Sí! Tan pronto como Dios le da una revelación, tan pronto como ese versículo de la Biblia cobra vida para usted, o tan pronto como esa nueva palabra del Señor se siembra en su corazón, aquí aparece la resistencia. En cuanto se tiende el fundamento, el enemigo intenta hacer todo lo posible para evitar que se erijan los muros.

Ingredientes para la «construcción sobrenatural del templo»

Sucedió exactamente así para Israel. Esdras 4:23 dice que los enemigos del pueblo de Dios, «les hicieron cesar con poder y violencia». Habían comenzado la tarea con entusiasmo y todo su poder, pero ésta se obstaculizó hasta que ingresó Dios. Él ingresó con dos ingredientes necesarios que nosotros también necesitamos para construir nuestro «templo» del Señor. Creo que estos dos ingredientes juntos crean la receta sobrenatural de Dios para que construyamos con éxito vidas que estén libres de la esclavitud.

INGREDIENTE 1: *Dios trajo unción profética.*

«Los profetas Hageo y Zacarías hijo de Idó profetizaron a los judíos que estaban en Judá y Jerusalén, en el nombre del Dios de Israel, que velaba por ellos. Entonces Zorobabel hijo de Salatiel y Jesúa hijo de Josadac se dispusieron a continuar la reconstrucción del templo de Dios en Jerusalén. Y los profetas estaban con ellos ayudándolos.»

—Esdras 5:1–2 (nvi)

Esto significa que constantemente necesitamos una palabra actual del Señor. Usted no puede continuar haciendo nada con éxito sin una palabra de «ahora». Advierta que fueron Hageo y Zacarías los que profetizaron para ayudarlos. Lo aliento a que lea sus profecías en los libros de Hageo y Zacarías. De hecho, fue Zacarías quien dijo: «¿Quién eres tú, oh gran monte? Delante de Zorobabel serás reducido a llanura; él sacará la primera piedra con aclamaciones de: Gracia, gracia a ella» (Zacarías 4:7). ¿Qué estaba haciendo el profeta? Estaba profetizando vida y poder a la obra de Zorobabel. La primera piedra de la hablaba este profeta era la piedra final, la pieza final. Estaba diciendo que se iba a completar la obra.

Necesitamos ese tipo de sonido profético que declare gracia sobre nuestras vidas y nuestros ministerios mientras los construimos para Dios, especialmente cuando el diablo nos hace pedazos. Una profecía puede llegarle directamente a través de otra persona; puede ser la Palabra del Señor, de los profetas de Dios pronunciada colectivamente, o puede ser Dios dándole una revelación sencilla profética en privado, ya sea en las Escrituras o en su corazón. Necesitamos profetas y profecías para que nos ayuden a llenarnos de energía. Usted puede reconocer la revelación profética porque

[Usted no puede continuar haciendo nada exitoso sin una palabra de «ahora» de parte del Señor.

siempre es nueva e impacta su situación con vida y poder. Sin la palabra profética sólo luchamos con nuestra moral y nuestros principios, pero la palabra profética añade revelación actual y energía a nuestros principios. Cuando los hijos de Israel debieron recoger maná todos los días, representaba la necesidad constante de la nueva palabra de Dios en nuestro corazón.

Si desea hacer un agregado a la dimensión de lo profético de su proceso de construcción, comience a escuchar su corazón. Espere oír a Dios hablarle en formas diferentes, específicamente sobre su situación y su vida. Luego, cuando sea posible, vaya a iglesias sólidas, buenas y proféticas al igual que a personas que prediquen una doctrina firme. Esto también agitará lo profético en usted. Finalmente, escuche a los profetas reconocidos y aceptados alrededor del cuerpo de Cristo a través de los medios de comunicación o en persona. Lo ayudarán a alimentarlo con la Palabra del Señor para mantener frescos y vivos sus esfuerzos para Dios.

INGREDIENTE 2: *Los ojos de Dios estaban sobre ellos.*

> «Pero el ojo de su Dios velaba sobre los ancianos de los judíos, y no les detuvieron la obra hasta que un informe llegara a Darío, y volviera una respuesta escrita tocante al asunto.»
>
> —ESDRAS 5:5 (BLA)

Advierta que este versículo de la Biblia no enfatiza el hecho de que Dios observara su trabajo tanto como que los observara a ellos. Esto es porque Dios lo unge para sus cosas y lo hace en forma personal. Dios quiere facultarlo para que trabaje para Él, no sólo facultarlo o bendecir el trabajo en sí. Así que aunque los enemigos hayan intentado previamente detener la obra por medio de la fuerza, esta vez Dios observó a sus hijos. Exploraremos el poderoso significado de esto de manera más detallada en este capítulo. Sin embargo, en resumidas cuentas, cuando Dios observa algo ¡literalmente significa que está creando un milagro!

Ahora bien, cuando Dios toma una vida que se hizo pedazos y la transforma en un templo de adoración, eso sólo no es menos que un milagro. Y Dios también pondrá a disposición lo milagroso a través de todo el proceso de construcción. Esa es la manera en que Él siempre hizo las cosas para las personas de la Biblia, y hará lo mismo por nosotros ahora mismo. ¿Acaso no es eso bueno? Para Israel, Dios los llevó de construir con sus propias fuerzas a andar en milagros —del poder humano al poder de Dios—, y el enemigo fue reducido de usar la fuerza a un lugar en donde ninguno de sus ardides podría triunfar.

Comience a recibir una revelación de que Dios lo está mirando, esperando lo inesperado todos los días. More en los milagros más de lo que mora en lo que *no podría* irle bien. Esto es generalmente dónde cometemos nuestros errores. Tememos o esperamos que algo salga mal o nunca salga mejor. En cambio, vemos que nos puede ir *bien* aún cuando parece ser imposible.

> «He aquí el ojo de Jehová sobre los que le temen, sobre los que esperan en su misericordia, Para librar sus almas de la muerte, y para darles vida en tiempo de hambre.»
> —SALMO 33:18–19

Así es exactamente cómo usted empieza a construir confianza en que los ojos de Dios están sobre usted. ¡Usted espera ser liberado y provisto, incluso cuando parece que no podrá ser posible sin un milagro! Se ve a sí mismo libre de la adicción aún cuando su carne lo presiona. Visualiza a Dios sanándolo aún cuando sigue habiendo dolor en su cuerpo. Se imagina a Dios tocando el corazón de esa persona que está alejada de Él aunque parezca que nunca va a cambiar. También puede verse a sí mismo como la persona increíble que Dios lo destinó a ser, aunque se sienta un fracaso. Comienza a ver un milagro en medio de un aparente cautiverio porque sabe que sucederá lo poco habitual cuando Dios lo está mirando.

El paseo de los milagros

Mi esposo y yo hacemos todo juntos. Ministramos juntos, nos ocupamos juntos de nuestros hijos, cocinamos y lavamos los trastos juntos y con frecuencias hacemos las compras juntos. Una vez, como dije anteriormente, incluso intentamos cuidar del huerto juntos. Supongo que se podría decir que somos la persona favorita uno del otro.

Cuando recién nos casamos, parecía como que íbamos a tener

un destino eterno por autos que parecían ser una basura... juntos. Ahora bien, cuando digo basura, quiero decir que teníamos basura. Debí de haber sospechado algo cuando me dijo que su primer coche cuando era adolescente se lo dio su padre en la parte trasera de un camión de remolque. Mi padre era militar, y nos mudábamos

¡Espere ser liberado y provisto, incluso cuando parezca que no puede suceder sin un milagro!

seguido, así que siempre conduje los automóviles de mis padres, y ninguno de nosotros había conducido un auto flamante. El primer automóvil que tuvimos juntos fue el mejor que habíamos tenido jamás. Ya tenía seis años de antigüedad cuando lo compramos, y para adquirirlo tuvimos que solicitar un préstamo. Después de eso lo tuvimos otros nueve años. ¿Asusta, no? Para segundos autos, obteníamos coches gratuitos de la familia o amigos. Siempre eran feos, oxidados y enormes.

Uno de nuestros mejores segundos automóviles fue uno que compramos por la enorme cantidad de cuatrocientos dólares, y para nosotros lucía bastante bien. Era un Ford Escort gris, de unos doce años de antigüedad. Para nosotros, era bonito porque no se parecía a un portaaviones como los otros. Sólo tenía un problema: Conducíamos por la ciudad dentro de una nube de humo azul, y se encendía fuego debajo del capó si lo dejaba en marcha mínima durante más de cuatro o cinco minutos.

En realidad, no lo sabíamos hasta que una mañana nevada mi esposo salió a calentarlo y entró para terminar de acicalarse para ir a trabajar. En una mirada aleatoria por la ventana, vio las llamas flameando desde debajo del capó. Ambos comenzamos a correr por la sala en estado de choque y terror. Chillando o algo así, él corrió afuera y comenzó a arrojarle nieve al auto hasta que las llamas se extinguieron. Créase o no, seguimos conduciendo ese coche sabiendo que no podía funcionar en velocidad mínima, ¡nunca! Ni en los restaurantes de comida rápida, ni detenerse en un semáforo, ni en un atascamiento de tránsito, jamás. Si se detenía, lo que había que hacer era apagarlo y volverlo a encender cuando llegaba el momento de partir. No obstante estábamos resueltos a quedárnoslo porque, después de todo, habíamos pagado mucho por este vehículo.

Lo que no advertimos fue que habíamos comenzado a formarnos una mentalidad de que siempre íbamos a conducir autos viejos. No soñábamos con un auto nuevo como hacen otras parejas casadas. Esperábamos recibir autos viejos. En rigor de verdad, ni siquiera puedo recordar haber conversado sobre que «algún día cuando las cosas mejoren vamos a tener un auto nuevo». ¡Ni siquiera una vez!

¡Parecía ser que los autos basura iban a ser nuestro cautiverio de Babilonia para siempre! Dios siempre nos dio un lugar lindo y limpio dónde vivir, ¿pero y los automóviles? Eso era otra cosa. Nunca nos íbamos a ver libres de ellos. Teníamos tantas opciones de autos viejos que los entregábamos como ofrendas. No obstante, los cuidábamos como si fueran nuevos. Los lavábamos, los aspirábamos y los hacíamos brillar, lo mejor que uno podía hacer brillar al óxido, de todos modos.

Luego, un día todo cambió. Mi esposo recibió un llamado de alguien a quien conocíamos de un pueblo cercano. Quien llamó dijo: «Oye, realmente necesito verte hoy». Acabábamos de llegar de un viaje y no queríamos que nadie nos molestara justo en ese momento porque estábamos cansados. Sin embargo, la persona que llamó insistió.

Finalmente dijimos que sí, y al cabo de unas horas él llegó a nuestra casa. Conversamos un rato en la sala, aún no estando seguros del objeto de la visita, hasta que lo acompañamos hasta la puerta para despedirnos. Nos pidió que saliéramos de la casa, y luego, inesperadamente, nos entregó una llave, la llave de un automóvil. Era la llave de un coche nuevo de lujo que estaba en el frente de nuestra casa. Quería que nos lo quedáramos o lo intercambiáramos por otra cosa que realmente quisiéramos.

Ahora bien, ¡nos quedamos sin palabras! No creo que ninguno

de los dos dijéramos una palabra por dos minutos completos. Simplemente estuvimos allí parados con nuestros ojos y nuestras bocas completamente abiertos. Al tener niños pequeños, cambiamos ese auto de lujo por la camioneta más hermosa, brillante y nueva, y para convertirla en algo especial, ¡la compramos directamente de la concesionaria! Estaba con todos los accesorios, con dos sistemas de estéreo y un televisor. Y un televisor en un automóvil era algo muy singular hace tantos años. Partimos de ese parque automotor en nuestro paseo del milagro!

Lo menos que imaginamos fue que Dios había ingresado en nuestra situación de los automóviles, porque él nos había estado observando todos esos años. Cuando los ojos de Dios se posan sobre usted, puede esperar lo inusual. Este fue el momento definitorio que rompió nuestro cautiverio de los coches para siempre. Nos sacamos de encima los autos viejos de inmediato, salvo que el mejor que teníamos lo mantuvimos como el segundo. Nunca creerá qué hizo Dios con el auto que conservamos, que ya tenía quince años. Un año más tarde se lo prestamos a un amigo, ¡que lo destruyó! Pero fue lo mejor que nos pudo haber pasado. Aunque nos arrancaron el auto de las manos, obtuvimos de la compañía de seguros un segundo hermoso auto nuevo que sólo tenía un año de antigüedad.

Nuestros deprimentes años de cautiverio de los autos se terminaron en un instante. ¿Por qué? Porque cuando los ojos de Dios se posan sobre uno, todo lo que el diablo ha intentado para mantener su mente cautiva se somete al cambio, así como cambió con el cautiverio de Israel. Cuando los israelitas no pudieron construir el templo por sí mismos, Dios ingresó con un milagro.

«El Dios que me ve»

Hay una mujer en la Biblia cuya vida fue hecha pedazos y quien necesitaba a Dios para que hiciera algo milagroso para ella. No le prestamos mucha atención porque parece desempeñar un rol secundario en la mayoría de nuestras historias bíblicas. Fue alguien que se convirtió en la víctima de una disputa matrimonial, atrapada en circunstancias que la convirtieron en la parte descastada. Todos los dedos la señalaban a ella, sin dejarle otra opción que escapar. Era una egipcia llamada Agar, la sierva de Sarai, quien era la famosa esposa de Abram. (Después Dios les cambió los nombres a Abraham y Sara). Encontramos la historia de Agar en Génesis 16.

Cuando Sarai no pudo quedar embarazada de su esposo, Abram, ella exigió que su esposo se acostara con Agar para que Sarai pudiera tener su hijo. Sin embargo, el plan tuvo un efecto contraproducente. Tan pronto como Agar quedó embarazada, Sarai se enojó y sintió celos, y creyó que su sierva estaba desarrollando una actitud de falta de respeto por su exitoso embarazo. Como resultado de ello, Sarai trató tan mal a Agar, que su sierva embarazada escapó. Desesperada, Agar huyó a esconderse a un desierto cercano. Ahora había quedado sola para cargar con el peso emocional de una serie de eventos que no eran su culpa.

Pero había alguien más observando toda la situación. Agar no pudo ocultarse durante mucho tiempo porque Dios la estaba mirando. Se sentó cerca de una fuente de agua en el camino que llevaba al desierto de Shur. Debo señalar que la Biblia con frecuencia menciona nombres como este y otros detalles similares

> ¡El tipo incorrecto de muros detendrán la intervención de Dios, mientras que los muros correctos y espirituales lo protegerán y detendrán el acceso del diablo!

que son insignificantes, porque hay un mensaje oculto detrás de los eventos naturales. La palabra *Shur* significa «muro». A veces, cuando nos sentimos como que estamos en una especie de desierto espiritual, colocamos todo tipo de muros espirituales. Nos sentimos heridos y abandonados, entonces pensamos que cerrarnos a los amigos, la iglesia, la familia y las circunstancias impedirá que nos vuelvan a herir. Cada vez que crea que el enemigo ha venido a hacer pedazos su vida, es importante que no coloque muros emocionales que resistan a Dios y a otras personas.

Lo hacen tanto los hombres como las mujeres, cada uno de manera diferente, pero lo hacen. Algunos muros provienen en forma de enojo hacia Dios o la incapacidad de expresar amor por los demás. Tal vez los muros comprometen nuestra capacidad de estar conformes con una buena iglesia. Muchas personas tienen matrimonios y vidas de hogar infelices debido a muros construidos por heridas del pasado.

Dios no quiere que usted construya muros de heridas. En cambio, Él quiere que construya el tipo de muros que impiden que el diablo haga pedazos su vida, como hizo Nehemías en Jerusalén. Dios quiere que construya muros que lo definan y lo separen como un recipiente sagrado del Señor. ¡El tipo incorrecto de muros detendrán la intervención de Dios, mientras que los muros correctos y espirituales lo protegerán y detendrán el acceso del diablo! ¡Vaya si hay diferencia!

La forma de saber si ha construido un muro incorrecto en su corazón y en su mente es cuando sigue haciendo referencia a uno o más eventos dolorosos del pasado para tomar decisiones del presente o del futuro. Cuando aparentemente no puede expresar un amor adecuado hacia alguien porque tiene miedo de que lo hieran de nuevo, está construyendo muros incorrectos. Si es incapaz de entablar relaciones sanas debido a otras dolorosas o impropias del pasado, probablemente haya muros demoníacos que deben ser removidos de su corazón. Agar corría el peligro de construir los muros erróneos en su vida caminando hacia Shur, pero Dios estaba por intervenir.

Lo mejor que ella pudo hacer fue sentarse cerca de una fuente en el camino. Allí, cuando no sabía qué hacer para enmendar la situación o incluso cómo enfrentarla, Dios entró en escena. De repente Agar se halló hablando con el ángel del Señor, quien la alentó a regresar ante Sarai y le aseguró que todo funcionaría bien. Para alentarla, el ángel también comenzó a darle una imagen profética de su futuro y de su embarazo (Génesis 16:9–12).

Para Agar esta era la intervención sobrenatural que necesitaba. Probablemente nunca antes había experimentado una conversación con un ser celestial. Pero el Señor sabía que ella necesitaba ayuda milagrosa durante su período de mayor desesperación. Cuando no pudo manejarlo con su propio poder, Dios ingresó con algo sobrenatural. Agar tuvo que dejar de dirigirse hacia Shur y, sin embargo, permaneció cerca de la fuente de agua.

Tuvo que dejar de colocar paredes y estar dispuesta a permitir que Dios interviniera con un milagro.

Si Agar se hubiera quedado en el camino a Shur, puede que el milagro que experimentó no hubiera sucedido, y nunca habría visto la fuente de bendiciones justo frente a ella. La hizo dejar de colocar paredes y comenzar a ver que había una fuente de bendiciones. Como resultado de ello, llamó a la fuente "Viviente que me ve", que significa «vivir». Este momento milagroso la hizo vivir de nuevo. Dios ansía darle un momento sobrenatural para que usted también pueda vivir de nuevo.

Sentarse cerca de la fuente colocó a Agar en una posición para recibir la revelación más increíble. Llegó a una conclusión que la revitalizó. Génesis 16:13 dice: «Como el Señor le había hablado, Agar le puso por nombre *El Dios que me ve* pues se decía: Ahora he visto al que me ve» (énfasis agregado). Mientras estuvo sentada allí, vio ingresar a Dios con un poder sobrenatural, haciendo que recibiera una revelación de que Él la estuvo observando todo el tiempo. De repente, ella dijo: *El Dios que me ve* (NVI).

Advierta que fue el nombre que ella le dio literalmente al Señor. Lo llamó por su nombre: *El Dios que me ve*. En otras palabras, eso era lo que ella conocía de Él en su vida. Luego dijo: «Ahora he visto al que me ve». (v.13). Se dio cuenta cuando pensó que estaba dolorosamente sola, de que Dios estuvo todo el tiempo creando un milagro para ella. Creo que el «ángel» con el cual habló era realmente el Señor mismo.

Una vez que sabe que Dios lo está observando, puede comenzar a esperar un milagro; puede esperar que suceda lo inusual.

Nuestro problema es que tomamos las circunstancias negativas y las usamos como indicios de que Dios de alguna manera nos ha abandonado. Mientras suponemos que nos ha olvidado, construimos muros y comenzamos a esperar que nuevamente nos suceda algo malo. Nunca olvide que esperar lo peor atraerá nuevos problemas, pero que esperar lo sobrenatural abrirá el poder milagroso de Dios. Sea consciente de que su problema del pasado o del presente llegó porque hay un verdadero enemigo —el diablo— que quiere hacerlo pedazos. A él no le importa qué vida destruya o a quién hace desgraciado. Él quiere mantenerlo apresado en el dolor y en el cautiverio mundano.

Hay una manera de detenerlo. Lo detenemos en su camino cuando interviene el poder milagroso de Dios. Si queremos que el Señor ingrese a escena con un milagro, no podemos permanecer en el camino hacia Shur, construyendo paredes de dolor. En cambio, debemos detenernos y permanecer cerca de la fuente como hizo Agar, para poder vivir de nuevo sin importar qué sucedió en el pasado. Allí podemos comenzar a buscar lo milagroso. Es el momento de definición que hará que reciba la revelación de que Dios siempre lo está observando, preparado para hacer un milagro. Independientemente del cautiverio que experimentó antes, pasará de construir muros de esclavitud a construir muros de unción y poder.

«En aquel día cantarán este cántico en tierra de Judá: Fuerte ciudad tenemos; salvación puso Dios por muros y antemuro.»

—Isaías 26:1

El muro que Nehemías construyó y del que hablamos anteriormente representaba los muros de salvación o liberación. Este tipo de muro está diseñado para evitar que el enemigo lo lastime en el futuro. Son muros espirituales de unción. Ahora bien, ¿significa esto que Satanás no intentará hacerlo pedazos? No. ¡Significa que usted ha establecido una forma de defenderse y luchar contra él!

Sus muros de salvación no tratan acerca de heridas y desilusión, sino de liberación y fuerza.

En cualquier área en que se libere del cautiverio de Babilonia, tiene que reconstruir su templo y sus muros. Eso es lo que tuvo que hacer Israel cuando se liberó del cautiverio babilónico de Nabucodonosor. Tuvieron que reconstruir el templo (Esdras) y los muros (Nehemías). Construir su templo habla de cambiar su estilo de vida, su carácter y sus hábitos para reflejar la divinidad. Construir sus muros habla de su poder espiritual y unción para defenderse de las obras del diablo. Cuando este versículo de Isaías dice que Dios designará que su poder liberador sean sus muros, está diciendo que Dios creará un sistema seguro de defensa para usted a través de su poder. ¿No suena eso como un milagro sobrenatural?

Comience construyendo sus muros de salvación hoy mismo diciendo: «Dios, sé que tú me estas viendo ahora. No importa qué sucedió antes; hoy te veo observándome para un milagro». Con esa revelación ¡verá los milagros más increíbles de su vida!

Dios, ¿estás conmigo o no?

Jesús nos da algunos de los mejores ejemplos de cómo confiar y saber que Dios nunca nos abandonará. Nuevamente, esto tiene que convertirse en algo más que una doctrina religiosa que admiramos. Debe ser una revelación aún cuando las cosas no parecen estar bien y nos sentimos solos.

Los momentos de prueba se presentan para todos. Jesús debió comenzar su ministerio en la Tierra sabiendo esto porque Él iba a atravesar pruebas en ella. Antes mencionamos Lucas 4:1–13, donde relata que Jesús fue tentado por el diablo durante cuarenta días. Una de las pruebas que Jesús aprobó fue saber que no importa cuál es la situación que se estuviera viviendo, Dios lo estaba observando. Creo que esa es una de las principales razones por las que Jesús siempre anduvo en lo sobrenatural. Su confianza en la presencia de Dios al enfrentar las situaciones más oscuras, más imposibles, derivó en milagros. Jesús pasó esa prueba en el desierto para que, en el futuro, pudiera soportar los susurros del diablo diciendo que tal vez Dios lo había abandonado.

Vuelva a leer Lucas 4:9–12. Allí encontramos al diablo alentando a Jesús a arrojarse desde el punto más elevado del templo y esperar a que Dios demuestre su poder por medio de un milagro, salvando a Jesús de la muerte. Jesús respondió diciendo: «No tentarás al Señor tu Dios» (v. 12).

Advierta que esperar que Dios haga milagros es diferente de esperar que Él demuestre su presencia a través de uno. En cambio, debemos creer en su presencia antes de ver el milagro. Las personas que le piden a Dios que demuestre que no las ha abandonado demostrando alguna señal sobrenatural están tentando al Señor.

> En lugar de pedirle a Dios que demuestre su presencia, comience a pedirle una revelación de su presencia.

Vemos esto con mayor claridad en Éxodo. Cuando los hijos de Israel tentaron al Señor, estaban enojados tanto con Moisés como con Dios porque no tenían agua. Estaban en un desierto sediento donde no veían la posibilidad de conseguir una fuente de agua. Era una prueba. La Biblia dice que discutieron con Moisés (Éxodo 17:2). ¿Sobre qué discutieron? Si Dios los había abandonado o no en su desierto: «…por la rencilla de los hijos de Israel, y porque tentaron a Jehová, diciendo: ¿Está, pues, Jehová entre nosotros, o no?» (v.7). ¿Cómo tentaron al Señor? Seguían cuestionando si el Señor seguía estando con ellos.

Piense en ello: ¿Cuántas veces lo hemos hecho? Allí estamos, enfrentando un desafío o una prueba, y comenzamos a decir cosas como: «Dios, ¿sigues estando allí? Porque me siento muy solo en este momento». Luego vamos más allá y decimos: «Dios, si estás conmigo, ¿por qué no haces algo? ¿Dónde estás? Si sólo pudiera verte con mis ojos físicos sabría por cierto que tú estás allí». Eso no es esperar un milagro, es cuestionar por qué no estamos viendo uno.

Eso es lo que el diablo quería que hiciera Jesús. Él no tenía que saltar desde el templo y «ver algo» para saber que Dios aparecería. Jesús sabía que Dios estaba allí, sin importar qué. Como resultado, los milagros lo seguían todo el tiempo. Jesús no necesitaba una prueba de lo milagroso. Él sólo esperaba que estuviera allí cuando lo necesitara. Su confianza en que los ojos de Dios estaban puestos en Él no se basaba en lo que veía; ¡se basaba en lo que sabía!

En lugar de pedirle a Dios que *demuestre* su presencia, comience a pedirle una *revelación* de su presencia. En ese escenario Dios puede impartir algunas cosas sorprendentes y usted aprenderá a confiar en su poder.

Recibí un testimonio de un hombre que tuvo una experiencia sobrenatural una vez cuando le pidió al Señor una revelación de su presencia. Siendo un cristiano reciente, aún estaba muy inseguro de la realidad de Jesús. Su vida había estado llena de tormento, violencia de pandillas y temor. Dijo: «Un día, sin saber a dónde recurrir, tomé una Biblia y decidí asistir a la iglesia». Allí entregó su corazón al Señor pero su pasado le enseñó a esperar la desilusión, entonces temió que Dios le fallara.

Una vez, luego de un mal día, se sentía deprimido. Llorando incontrolablemente, sólo tenía fuerzas para decir: «Dios, hazte real para mí». Necesitaba una revelación *sólida* de la presencia de Dios, del tipo del que nunca lo abandona. Jesús tuvo que recibir ese tipo de revelación, y este hombre también estaba por recibirla. Justo después de haber orado su oración más desesperada, una mano literalmente le tocó el hombro y oyó decir al Señor: «Volveré por ti». A partir de ese día él nunca fue el mismo. Supo que sin importar lo que enfrentara en el futuro, el Señor volvería una y otra vez y lo tocaría en medio de su situación. Recibió una revelación de que Dios lo estaba observando.

Su experiencia de recibir la revelación de que Dios lo está observando puede llegarle de manera diferente a la de cualquier otra persona. Pero pídale a Dios que se la dé firmemente en su corazón, para que sepa que su presencia siempre estará allí para intervenir en sus situaciones más imposibles. Una vez que haya arreglado esto, no necesitará pedirle a Dios que se muestre más a través de milagros. En cambio, sólo espere que «regrese a usted» *milagrosamente* ¡una y otra vez!

Es hora de caminar más rápido

Cuando Dios interviene en su situación para llevarlo del cautiverio a la bendición, puede que los milagros no sucedan de la manera que usted espera. De hecho, generalmente llegan y nos toman desprevenidos, como sucedió con Agar. Cada vez que Dios ingresa con la unción, viene velozmente.

¿Recuerda el día de Pentecostés? El Espíritu Santo vino como el sonido de un «un estruendo como de un viento recio» (Hechos 2:1–4). ¿Y recuerda cuando Israel estaba intentando tanto recuperarse del polvo y las cenizas en que lo había dejado Nabucodonosor? Dios repentinamente los puso en un ánimo violento. De hecho, la obra del templo pasó de un ritmo lento a uno veloz. Cuando los ojos de Dios comenzaron a supervisar la obra, pudieron producir la artesanía más increíble y en tiempo récord. Su tarea cobró una velocidad sobrehumana.

Esdras 5:8 dice: «… fuimos a la provincia de Judea, a la casa del gran Dios, la cual se edifica con piedras grandes; y ya los maderos están puestos en las paredes, y la obra se hace de prisa, y prospera en

> Dios manifestará sus mayores milagros a través de algunas de las áreas más débiles de su vida.

sus manos». Dios eligió el ritmo para ellos. Cuando los ojos de Dios se posan sobre usted, Él acelerará su proceso de reconstrucción. Examinemos algunos de los principios ocultos en este versículo para ver qué podemos esperar cuándo Dios apura el paso.

Se edifica con piedras grandes.

Las piedras hablan sobre personas. 1 Pedro 2:5 dice: «Vosotros también, como piedras vivas, sed edificados como casa espiritual...». Cuando Dios está observando la construcción de su vida, usted puede esperar que Él la haga grande. Dios no obra con rocas inútiles. Usa las grandes. Así que no importa cuáles hayan sido sus hábitos, desafíos o heridas del pasado. Hoy Dios lo está reconstruyendo como una gran roca.

Usted puede ser rápido para preguntar: «¿De qué manera hizo algo grande Dios conmigo?». La respuesta es: Él lo hace por medios milagrosos. Usted no puede tener siempre una explicación para lo sobrenatural; simplemente lo cree y lo espera. No siempre puede explicar cómo Dios de pronto cambia el más duro de los corazones o libera a alguien del miedo o la depresión. Simplemente lo hace. Cuando los ojos de Dios están sobre usted, usted sabe que Él va a convertirlo en una gran roca.

Los maderos están puestos en las paredes.

Esto también es muy poderoso, porque la madera siempre representa la imperfección de nuestra carne. Cuando se construyó el arca de la alianza en el Antiguo Testamento, era de madera por dentro y recubierta de oro por fuera. Era una imagen de Jesús que era divinamente Dios (oro) y también muy humano (madera).

Cuando Dios obra en la reconstrucción de una vida que fue hecha pedazos, Él toma la carne imperfecta y la usa para hacer funcionar su milagroso poder. ¡Dios toma personas con defectos y las hace obrar milagros! Por eso es que no deberíamos criticar a otros hermanos y hermanas cristianos cuando parecen ofendernos. Todos somos recipientes cristianos que usa Dios para construir muros espirituales que destruirán la obra de las tinieblas.

Cuando los ojos de Dios se posan en usted, Él milagrosamente usará la propia carne que usted pensó que era tan indigna, para derribar las fortalezas de Satanás. ¿Se da cuenta de qué significa esto? Significa que Dios manifestará sus mayores milagros a través de algunas de las áreas más débiles de su vida. Dios construye muros sobrenaturales con madera.

La obra se hace de prisa.

Con frecuencia, queremos que Dios modifique rápidamente nuestra situación, pero la mayor parte de las veces no estamos preparados para un cambio rápido. En cambio, somos criaturas de costumbre. Cuando usted está armado con una palabra nueva, profética, y Dios lo está observando, entonces prepárese para que suceda algo rápido.

Eso no significa que nos salteemos el proceso de reconstrucción. En cambio, significa que el proceso nos hará pasar por cambios repentinos todos los días. A veces significa que debemos cambiar nuestro programa. Puede significar cambiar el lugar dónde vive o algunos de sus amigos más cercanos. Puede implicar sus hábitos financieros, de alimentación, y algunas cosas que dice. Cuando Dios realiza un trabajo rápido, puede dar vuelta su vida y usted debe decidir si está preparado para ello. Para Israel, ellos comenzaron a construir muy rápidamente. Eso probablemente quiere decir que no había mucho tiempo para tomarse vacaciones y pausas para café. Tal vez debieron programar trabajar a toda hora. Quizá significó incrementar el personal. Para nosotros, cuando Dios comienza a tomar un área de nuestras vidas y apura el paso de la reconstrucción, significará que puede no ser a un ritmo en el que nos sintamos cómodos.

¡He descubierto que Dios no siempre se mueve a nuestro nivel de comodidad. ¡En cambio, somos nosotros los que debemos aferrarnos para el viaje! Cuando repentinamente Jesús echó fuera al demonio del hombre insano en Gadara, estoy segura de que él y todos los que lo conocían tuvieron que hacer algunos cambios para acomodarse al milagro (Marcos 5:1–19). Él ahora debía volver a su pueblo, comprar ropa, trabajar y vivir en una casa. Imagine ser el dueño de la casa al que se le pide que le rente un hogar a esta persona. Hacía sólo unos días, ¡gritaba, estaba loco y se laceraba a sí mismo! Su rápido milagro lo catapultó a un estilo de vida completamente nuevo. Cuando el milagro viene rápidamente, ¿usted está listo?

El trabajo prospera en sus manos.

La Biblia nos dice que cuando nos proponemos a servir a Dios, Él nos hará prosperar. Significa que repentinamente podremos lograr lo que no se podía alcanzar anteriormente. Deuteronomio 28:8 dice que Dios bendecirá todo lo que toquemos.

> Dios no siempre se mueve a nuestro nivel de comodidad. ¡En cambio, somos nosotros los que debemos aferrarnos para el viaje!

No importa si su crianza fue muy negativa o si su familia vivió una cosa mala tras otra. Tal vez ninguno de sus parientes se graduó en la universidad. Ese no tiene por qué ser su caso. Puede que no haya dinero para pagar sus estudios, pero si el deseo de su corazón es ir a la universidad y usted vive para Dios, entonces él hará que sus esfuerzos prosperen. Sus circunstancias hasta este mismo día pueden haber sido malas, pero cuando los ojos de Dios están sobre usted, entonces todo lo que toque se volverá bendecido. Lo que cualquiera diga que usted no puede hacer, usted comenzará a andar en ello con capacidad sobrenatural.

Cuando los ojos de Dios se posan sobre usted debe comenzar a esperar lo milagroso. La Biblia nos dice que Dios nos observa cuidadosamente. Como sus hijos somos la niña de sus ojos. (Ver Salmo 17:8; Zacarías 2:8.) El diablo usó todas sus desilusiones y el cautiverio pasados como una forma de disminuir su expectativa de una intervención sobrenatural. Ahora, en lugar de tener fe respecto de un milagro, teme no recibirlo porque pareció no recibirlo en una ocasión anterior. En lugar de ver una sanidad, se prepara para una tragedia debido a lo que le enseñó una experiencia del pasado. Decimos que creemos en que Dios nos observa, pero nuestros actos y palabras expresan temor a lo desconocido o temor a lo que no podría pasar.

¡No lo crea! Cuando Dios observa algo, Él hace milagros y hace que las cosas prosperen. Él toma una vida que antes estaba invadida por el diablo y la eleva sobrenaturalmente. Dios no nos observa y luego se cruza de brazos allí en el cielo mientras nos ahogamos, simplemente para ver cuánto tiempo aguantamos. A eso es lo que la religión nos ha llevado a creer. La verdad es que: ¡Él observa para poder ingresar e intervenir milagrosamente en lo que no podemos realizar por nosotros mismos! El motivo por el que no vemos *más* sobre su intervención es porque no *esperamos* que suceda.

Coloque un cronómetro de milagros

Si Dios nos está observando, entonces debemos cambiar qué estamos observando nosotros. Eso significa cambiar lo que ve internamente. Comience a observar lo sobrenatural. Conozco a personas que hacen preguntas como por ejemplo: «¿Por qué parece que no oigo a Dios?". Bien, puede haber una cantidad de razones por las que cree no oírlo, pero se comienza por esperar oírlo. Si cree que no lo hará, entonces no lo hará. Ese principio se aplica a cada parte de su vida. Es absolutamente necesario si es que se va a volver a levantar. Observe milagros en lugar de observar problemas.

> «Y así como tuve cuidado de ellos para arrancar y derribar, y trastornar y perder y afligir, tendré cuidado de ellos para edificar y plantar, dice Jehová.»
>
> —JEREMÍAS 31:28

En otras palabras, usted puede recibir este versículo para decir que cualesquiera victoria que haya ganado antes debe ser ahora su vara de medir. Así como el Señor lo guió antes por situaciones imposibles, así Él lo observará esta vez con ese mismo nivel de intervención. Deje de hacer referencias a las desilusiones y comience a observar las bendiciones inusuales. Así como Dios lo observa, comience a observarlo usted. Levántese por la mañana y diga: «Este es un día para que Dios sane a alguien» o «Este es el día en que fulano se salvará».

Comience a ver un milagro y hable sobre él. A mí me gusta decirlo así: ¡Coloque un cronómetro de milagros! Si no tiene el hábito de observar la intervención milagrosa de Dios, entonces incluso cuando llegue no lo advertirá. No obstante, si observa milagros, los verá manifestarse. Sepa que de la misma manera en que milagrosamente derrocó la obra del diablo en el pasado, esta vez hará los mismos milagros, —y *más*— porque esto es lo que debe suceder cuando los ojos del Señor están puestos en usted.

«… Venid, y edifiquemos el muro… y no estemos más en oprobio.»

[NEHEMÍAS 2:17]

[CAPÍTULO 7]

HALLE y RECONSTRUYA EL PROPÓSITO QUE DIOS LE DIO

ESTABA SENTADA ALLÍ CON LA MIRADA VACÍA PUESTA EN mi hoja esa mañana. ¿Qué iba a escribir? Todos los demás en la clase anotaban con confianza sus planes futuros de carrera, todos menos yo, o así parecía. Esa era la imagen la mañana del día de orientación vocacional durante mi último año de la escuela secundaria. Se suponía que todos los que cursaban ese año en mi escuela cristiana tenían que completar sus planes futuros respecto de la universidad y la carrera para el anuario de la escuela, y la presentación antes de graduarse. Como la mayoría de quienes terminaban el último año, se nos habían dado clases prácticas ese año llenando solicitudes universitarias y de trabajo, y habíamos aprendido a escribir currículum vitaes e informes sobre qué deseábamos hacer después del secundario. Seguía reafirmándome que no tenía ningún rumbo fijo.

Detestaba esos días. ¡Parecía que me habían enviado a la cámara de torturas!

Hoy día me doy cuenta de que es normal que los alumnos no sepan exactamente qué desean hacer después de la escuela secundaria. Sin embargo, yo estaba en una escuela cristiana pequeña, en un pueblo muy pequeño de la Florida, ¡éramos sólo diez en mi clase! *Todos* tenían un plan para el futuro.

En ese entonces, algunas personas tenían una cierta mentalidad acerca de qué debían hacer las jovencitas después del secundario. Por cierto se alentaba la universidad, pero yo percibía que había algunas ocupaciones que mi escuela cristiana conservadora no consideraba como opciones para una mujer. Necesitaba un propósito en la vida que pudiera colocar en papel en la escuela, y que todos aceptaran.

En esa época, era una cristiana llena del Espíritu, pero no sabía qué hacer conmigo misma cuando me graduara. La respuesta obvia debía ser comenzar la universidad e ir decidiendo mientras

> Sin la habilidad de saber cómo cumplir su propósito y permanecer en él, seguirá en cautiverio.

cursaba. Eso es lo que hace la mayoría de la gente cuando todavía no sabe qué rumbo tomar. Pero había un problema. En el fondo de mi ser sí tenía un rumbo, pero tenía problemas para admitirlo. Sabía que una de mis profesoras y mis compañeros de clase lo iban a encontrar extraño para una joven. No iba a encajar con el anuario que se les iba a entregar a todas las familias y a los padres. Mucho peor era que no supiera cómo empezar en ello, así que ¿cómo iba esta diplomada de esta pequeña escuela secundaria a convencer a alguien de su sueño?

Lo cierto es que quería ser predicadora.

Imagine… ¡una mujer predicadora! «¡Ah! ¡Cualquier cosa menos eso!» Es lo que iba oírle decir a la gente. Sabía por el grupo que me rodeaba, que era lo más cercano que uno podía estar al sacrilegio. ¿Una jovencita que apenas salía del colegio secundario en una carrera que la llevara al púlpito? ¡Eso no se hacía!

Ahora bien, les podría haber dicho que algún día hubiera querido ser la esposa de un pastor. Lo hubieran aceptado. Pero sabía que eso sólo hubiera alimentado preguntas que no quería contestar. Ya no estaban de acuerdo con la iglesia a la que iba porque no era una iglesia denominacional conservadora. Iba a la iglesia carismática en un pueblo cercano. Además, las mujeres predicadoras en ese entonces eran mucho más raras, inclusive en algunos de los círculos de mi iglesia. Ahora bien, no me hubiera importado ser la esposa de un pastor, pero yo también quería predicar. El problema es que yo era una jovencita, aunque me avergonzara admitirlo. Hoy día me avergüenza de que temiera la persecución por el sueño de mi vida, y que escribiera en la hoja de mi carrera que quería crecer y ser secretaria. Y aunque no hay *nada malo* en ser secretaria, no era lo que mi corazón me dictaba hacer. En cambio, era lo que se *esperaba* que hiciera una chica.

No sólo temía admitir quién quería ser, sino que ni siquiera sabía cómo dar inicio a mi propósito en la vida. Si hay una sola cosa que al diablo le gusta hacer con las personas, es hacerlos sentir perdidos en su sentido del propósito. Vagan por la vida sin un rumbo claro. Luego si no logran una dirección para su propósito en la vida, muchas personas luchan por mantener cualquier resultado tangible. Para sumarse al problema, las experiencias de la vida y las pruebas anteriores intentarán posponer más aún su esperanza.

Quise desechar la idea de convertirme en predicadora porque conocía gente que no estaba de acuerdo con ello. No lo sabía entonces, pero el diablo estaba haciendo pedazos mi propósito final y mi confianza. Usaba encubiertamente a las personas, sus opiniones y mi propia falta de conocimiento para evitar que persiguiera la voluntad que Dios tenía para mí.

Sin la habilidad de saber cómo cumplir su propósito y permanecer en él, seguirá en cautiverio porque siempre aparecerá algo a distraerlo o desalentarlo. Algo le dirá que no tuvo la crianza adecuada; que es de la clase social incorrecta; que su herencia racial es un obstáculo; o incluso que su género es un problema, como en mi caso. También puede desilusionarse por falta de finanzas, de su ubicación actual o por las opiniones de su familia y amigos. Estas cosas lo harán pedazos lo suficiente de modo tal que nunca logre terminar nada de lo que emprenda.

Hay que hacer algo

Nehemías había tolerado lo suficiente de que no sucediera nada. El muro se había incendiado y había quedado en ese estado durante más de cien años. Nadie había intentado repararlo. En la mente de Nehemías ya no era aceptable dejar las cosas de ese modo. Había que hacer algo de una vez por todas. No importaba que algunas personas se molestaran por lo que él planeaba hacer. Ya no podía vivir con las circunstancias actuales. Asumió la responsabilidad personal de cambiar las cosas, y reconstruir el muro ardía en su corazón.

Alguien tenía que levantarse y hacer algo acerca de la condición de Jerusalén. Así que durante tres días Nehemías fue a la ciudad para supervisar qué había que hacer. Tuvo la idea de hacer algo que nadie había intentado antes, y fue a pedirle permiso al rey. Con la bendición del rey, comenzó. Sin embargo, ahora llegaba el momento de relevar el terreno y calcular el costo. Al poco tiempo iba a encontrar que no iba a ser un emprendimiento pequeño.

Silenciosamente, de noche, con sólo un puñado de gente, Nehemías fue a decidir cómo comenzar (Nehemías 2:9–18). Durante esos tres días, probablemente muchas ideas pasaron por su cabeza. «Vaya, esto es mucho peor de lo que imaginé», pudo haber pensado. Nehemías probablemente reflexionó sobre sí, sus habilidades y su capacidad de liderazgo. ¿Lo podría lograr? ¿Cuánto tiempo le llevaría? ¿Era él el indicado para la tarea y tenía los recursos para terminarla? Estoy segura de que en su mente podía ver todo lo negativo, sus propias debilidades, y la verdadera magnitud de la tarea. ¿Entonces qué iban a decir sus amigos más íntimos y sus vecinos?

Así que con todas las preguntas normales y las cartas en su contra, ¿qué lo hizo continuar? Nehemías tuvo que decidir que ese era su propósito en la vida. No era el de otra persona, sino el suyo. Iba a costarle un poco de sacrificio, pero debía hacerlo. Reconstruir el muro era su proyecto personal porque él decidió que era inaceptable que la ciudad quedara en ruinas por la invasión de Babilonia.

En Nehemías 2:17 dijo: «... Venid, y edifiquemos el muro de

Jerusalén, y no estemos más en oprobio». Si él no hacía algo, entonces el futuro de ellos terminaría en desgracia. Esta no era la intención de Dios. La ciudad estaba hecha pedazos y necesitaba un nuevo propósito. Si él no hacía algo, era evidente que nadie lo haría.

Ahora debemos hacernos algunas preguntas similares. Nuestras vidas no deben ser un oprobio. No importa cómo fue criado usted, quién lo traicionó, o qué fracaso lo rodeó. Todos tienen un propósito divino en Dios para reconstruir lo que alguna vez quedó en polvo y cenizas.

Eso requiere que nosotros evaluemos los costos y que comencemos a concretarlo.

En este capítulo, quiero mostrarle algunos principios de Nehemías y otros de la Biblia que le ayudarán a cumplir el propósito preciso y único de Dios para su vida. Una de las mejores formas de deshacer lo que el diablo ha hecho pedazos en usted y en los demás es contar con un sentido definido de propósito para su vida más allá de las cosas normales como crecer, casarse, encontrar un empleo y comprar una casa. Por supuesto, su propósito involucrará esas cosas, pero también estamos diseñados para tener un propósito especial de Dios. Ese es un propósito para cambiar lo negativo y construir algo que alabe y honre a Dios.

Cuando su propósito y su vida han sido hechos pedazos, llega un momento en que se dice a sí mismo que su condición actual ya no es aceptable y que hay que hacer algo para cambiar las cosas. Esto puede aplicarse a un área de su vida o a muchas. Finalmente fijará su vista en la meta y no se excusará más por el fracaso. El problema es que muchos cristianos no definen su propósito. Y algunos que conocen su llamado en la vida no quieren atravesar el proceso de aprendizaje necesario para cumplirlo.

La Biblia pinta con claridad la imagen en el famoso versículo de Oseas 4:6: «Mi pueblo fue destruido, porque le faltó conocimiento...». Este versículo puede aplicarse de varias maneras, pero esencialmente una falta de conocimiento habla de ignorancia en un área determinada. La ignorancia sobre su propósito lo mantendrá cautivo en el sistema del mundo, el sistema de Babilonia. Como Nehemías, vamos a tener que definir nuestro propósito y después estar dispuestos a pagar el precio para que podamos levantarnos y hacer algo poderoso para el Señor.

Vivir con propósito

Actuar con indecisión es el error de muchos cristianos que piensan que Dios los hará tambalear hacia el éxito. Viven cada día a prueba y error, con la esperanza de tomar las decisiones correctas. Ahora bien, no estoy diciendo que usted nunca va a adentrarse en las cosas sin una dirección clara, porque con frecuencia de eso se trata vivir por fe. Lo que estoy diciendo es que tener esperanzas y adivinar no deberían ser los patrones principales sobre los cuales vivir su vida.

¿Debo comprar esa casa o no? ¿Debo ser enfermera u otra cosa? ¿Debo casarme con esa persona? ¿Tengo un llamado para el ministerio? La lista de adivinanzas de ida y vuelta continúa. En cambio, Dios quiere que usted viva para Él con propósito. Esto significa, por sobre todo, que sepa exactamente a dónde se dirige. No significa que el camino por el que anda no lucirá con nubarrones algunas veces. No. En cambio, usted sabe que está en el camino correcto, entonces cuando se pone oscuro y confuso, está siguiendo a Dios en la dirección correcta.

Vivir sin un propósito lo mantendrá cautivo de las cosas malas. Por ejemplo, si es soltero y no tiene una dirección clara acerca de qué quiere en un futuro cónyuge, puede que se case con alguien que no sea lo que Dios quiere que sea lo mejor para usted. Cuando alguien atractivo se acerca y lo adula, se convencerá de que es la persona indicada. Como resultado de ello muchas personas son cautivas de matrimonios en los que se sienten desgraciadas. Una vez que esa área de su vida se ha destrozado, es mucho más difícil regresar al rumbo de Dios.

Por supuesto, esto es sólo un ejemplo. Si no vive con un

propósito, es susceptible a que el diablo traspase su territorio de muchas maneras.

Pedro se volvió susceptible al ataque del diablo cuando olvidó su propósito. Sin embargo, cometió ese error una sola vez, ¡y luego nunca más lo hizo! Luego de que Jesús fuera arrestado, Pedro estaba observando los eventos que llevaron a la crucifixión fuera del palacio del sumo pontífice (Juan 18:15–26). Si recuerda la historia, a Pedro le preguntaron tres veces si era discípulo de Jesús. El temor de las circunstancias lo intimidaron y se avergonzó de quién era, y negó ser uno de los doce. Como ve, cuando las circunstancias negativas comenzaron a apilarse contra él, se derrumbó. Lo hicieron cuestionarse todas las cosas que Jesús le había enseñado sobre su futuro. La situación actual comenzaba a hacer pedazos su llamado.

> Sepa que está en el camino correcto, de modo tal que cuando las cosas se pongan oscuras y confusas, usted esté siguiendo a Dios en la dirección correcta.

Para Pedro, junto con algunos de los otros discípulos, la muerte de Jesús los sacó tanto de rumbo, que incluso volvieron para ir de pesca. ¡Se supone que no era lo que debían hacer! De hecho, ignoraron por completo todo lo que Jesús les había dicho sobre su gloriosa resurrección. Jesús les dijo llanamente que Él resucitaría de entre los muertos y que iría antes que ellos de regreso a Galilea, y que se reuniría con ellos allí (Marcos 14:28; 16:7). Luego, cuando finalmente Jesús los encontró, estaban en el camino yendo a Emaús (Lucas 24:13), a unos diez kilómetros de Jerusalén. No estaban para nada cerca de Galilea ¡y estaban casi a setenta kilómetros de allí! Tal vez hubieran llegado allí finalmente, pero creo que si hubieran verdaderamente esperado que Jesús resucitara de entre los muertos y se dirigiera en ese rumbo, habrían llevado la delantera.

No estoy segura de por qué Jesús fue al camino hacia Emaús y los buscó. Probablemente se debió a que Él sabía que ellos no iban a asistir a la cita en Galilea, así que decidió ir tras ellos. Luego, cuando Jesús finalmente se acercó a ellos en el camino, ni siquiera lo reconocieron. La Biblia dice: «Mas los ojos de ellos estaban velados, para que no le conociesen» (Lucas 24:16). No creo que sus ojos estuvieran velados porque Dios lo quisiera. Creo que era su hábito de temor, incredulidad y falta de rumbo lo que finalmente los cegó.

Luego, para colmo de males, ¡tuvieron la audacia de preguntar si Jesús era el Mesías! Es casi humorístico de leer, ya que sin saberlo comenzaron a transmitirle su ignorancia a Jesús mismo: «Pero nosotros esperábamos que él era el que había de redimir a Israel; y ahora, además de todo esto, hoy es ya el tercer día que esto ha acontecido» (v.21). Para mí una paráfrasis de sus palabras sería algo así como: «Bueno, pensamos que era Él, pero Él no hizo lo que esperábamos y ahora está muerto. Además, dijo que resucitaría en tres días y no tuvimos noticias. ¡No debe de haber sido cierto!».

Su charla finalmente enojó a Jesús, y Él les dijo que caían en la incredulidad con mucha rapidez. Cuán avergonzados deben haberse sentido. Casi me sonrojo por ellos cuando lo leo, aunque nosotros hemos hecho exactamente lo mismo en algunas ocasiones. Recuerde que cuando Pedro se olvidó de quién era y qué se suponía que estaba haciendo, se descarrió.

Luego, después de Pentecostés, la respuesta de Pedro a la presión fue una historia totalmente diferente. Esta vez en Hechos 2–3, no sintió miedo en su prédica cuando las personas comenzaron a cuestionar su experiencia Pentecostal y el milagro que sanó al hombre cojo. Incluso enfrentó a quienes lo escuchaban sobre la crucifixión del Mesías (Hechos 4:10). De repente estaba dispuesto a enfrentar la persecución y todo tipo de pruebas para andar en su propósito otorgado por Dios. Luego valientemente comenzaba sus cartas anunciándose como un apóstol del Señor.

¿Por qué se produjo el cambio? Bien, no sólo Pedro estuvo lleno con el Espíritu Santo y el poder, sino que también se negó a apartarse de su propósito y de lo que el Señor lo había comisionado a hacer. Definió quién era y permaneció en su rumbo. Pedro vivió con un propósito.

Su propósito cuádruple

Cumplir con nuestro propósito otorgado por Dios comienza primero definiéndolo en detalle. Quiero disponer un plan detallado básico en un patrón simple de cuatro partes. Veremos que Nehemías siguió los aspectos básicos de este patrón, al igual que Jesús. Haremos una lista de esas cuatro partes y las definiremos brevemente y luego las estudiaremos en lo que resta del capítulo. Su propósito cuádruple es:

1. *Destruir su Babilonia.* Pregúntese: «¿Bajo qué condiciones estoy cansado de vivir?». Esto significa que usted deberá abordar sus puntos débiles, ya sean hábitos pecaminosos, heridas del pasado o ajustes de actitud. Independientemente de cuán poco de ese «Nabucodonosor» pudo haber ingresado, debe limpiarlo y retirarlo en lugar de sentirse cómodo en su presencia y el estilo de vida que conlleva. Cualquiera sea su punto problemático, vuelve para hacer pedazos sus vida nuevamente si lo ignora.

2. *Encuentre su puesto.* Pregúntese: «¿Qué me veo haciendo a largo plazo?». Deberá encontrar el (las) área(s) principal(es) en que Dios quiere que se concentre en la vida. Esto implica las decisiones importantes como su carrera, su matrimonio y la iglesia. Significa que debe definir sus talentos y determinar con qué lo ha agraciado Dios y con qué no. Algunos de los detalles pueden cambiar en el camino, pero ¿cómo quiere pasar la mayor parte del tiempo antes de llegar al cielo algún día? Allí es dónde debe permanecer firme sin distracciones.

3. *Construya su casa.* Pregúntese: «¿Qué me atrae al trabajo cada día?». Una vez que sepa qué quiere Dios que haga, entonces deberá encontrar la resolución para comenzar a hacerlo. Aquí es dónde evalúa el costo y releva el territorio. Puede que tenga que revisar sus finanzas, pensar en los próximos cinco años y luego comenzar a colocarse en posición. Tal vez tenga que ira la universidad. Tendrá que hacer sacrificios y decidir qué cosas deba cambiar y qué cosas no son flexibles en sus planes. Construir su casa implica su camino privado con Dios, su posición en el reino de Dios y su vida familiar.

4. *Restaure su herencia.* Pregúntese. «¿Qué quiero dejar tras de mí?». Significa reclamar bendiciones y beneficios que usted o alguien más de otra manera no hubieran disfrutado. Restaurar su herencia también involucra a personas más lejanas en su descendencia, no sólo material sino también espiritualmente. ¿De qué se verán privados usted y otros si no se produce la restauración? Puede que deba deshacer algunas maldiciones previas generacionales y convertirlas en bendiciones generacionales. Es como restaurar una casa antigua. No puede sólo pintarla y hacer reparaciones obvias. Tiene que encontrar el diseño original del constructor y luego encontrar la belleza y el legado original de la casa.

PASO NÚMERO 1 DEL ANTEPROYECTO:
Destruya su Babilonia

Si Nehemías iba a reconstruir el muro de Jerusalén tenía que abordar algunos desafíos. En primer lugar y el más importante, había muchas personas que se habían acostumbrado a cómo estaban las cosas. Entonces, ¿cuál era el verdadero problema? Tal vez era mejor dejar el muro tal como estaba. Sí, quizás había algún peligro cerca de las ruinas, pero aparte de esto, ¿era en realidad un problema? Las personas alrededor del territorio ya estaban acostumbradas a estas alturas.

Si el muro roto de Jerusalén existiera en nuestra era moderna, se hubiera convertido en una de las maravillas del mundo y posiblemente en una atracción turística. Tal vez lo era en esa época, ¿quién lo sabe? Tal vez hasta generara dinero. Lo importante era que las personas estaban acostumbradas a cómo habían progresado las cosas, entonces Nehemías iba a tener que convencerlos a hacer algo para poder reconstruir. Poco sabía cuánto iba a plagarlo el espíritu del cautiverio de Nabucodonosor a lo largo del proyecto. Esté preparado cuando se apodere de su propósito otorgado por Dios; algunas personas pelearán por permanecer en la esclavitud y querrán que usted permanezca allí junto a ellas.

Debemos ver nuestros muros rotos y los sistemas de defensa si es que vamos a reconstruir. Nehemías comenzó tomando la realidad de toda la situación. Luego de mirarlo todo regresó con este informe: «Les dije, pues: Vosotros veis el mal en que estamos, que Jerusalén está desierta, y sus puertas consumidas por el fuego» (Nehemías 2:17). Comenzó por abordar lo que había que reparar. Este es el primer paso para derribar el espíritu de Babilonia en su vida.

Si sabe que tiene un problema de enojo o de celos, entonces, trate de actuar como si no lo tuviera. Tal vez la pereza y la desorganización hayan plagado toda su vida. El orgullo, la depresión, la adicción, la glotonería, el temor, la falta de perdón, las perversiones, los chismes, el engaño y otras cosas más deben ser abordadas y destruidas. A eso se lo denomina ser crucificado con Cristo. En Gálatas 2:20, Pablo dijo: «Con Cristo estoy juntamente crucificado, y ya no vivo yo, mas vive Cristo en mí».

Sea lo que fuere, abórdelo en su corazón. De ser necesario, abórdelo y confiéselo a alguien. Esto sólo lo ayudará a destruirlo. Es posible que las personas más próximas a usted ya lo sepan. Hay una larga lista de pequeñas actitudes «de Babilonia» que recogemos a lo largo del camino de la vida, y las personas que nos rodean con frecuencia pueden verlas.

¿Recuerda que le dije que no quería decirle a mi clase de la escuela secundaria que quería ser predicadora? Esa situación me dificultó muy tempranamente comenzar a verme a mí misma en el ministerio. Unos años más tarde, antes de casarme, estaba en una buena iglesia que incluso creía en predicadoras mujeres. De hecho, la esposa del pastor era ministra y una disertante muy cautivadora. Las personas de la iglesia amaban su ministerio, así que no había allí ningún problema con las mujeres en el ministerio. Sin embargo, cuando las personas me preguntaban qué quería hacer de mi vida, aún me sentía cautiva de una falta de confianza respecto de que las mujeres pudieran admitir que querían tener un ministerio de tiempo completo. Evitaba el tema y decía algo así como: «Ah, quiero algo ministerial, ya sabes, como enseñarle a la gente».

Debemos admitir nuestras áreas débiles para que no se levanten e intenten obstaculizar nuestro futuro.

Los demás decían: «¿Quieres decir una misionera o una maestra de escuela dominical?».

Mi respuesta era: «Claro, eso».

Entonces, si no somos cautelosos, nuestra actitud atraerá un espíritu de derrota sobre nosotros. Como resultado de ello tenemos un área débil sobre nuestra vida. Tuve que aprender en ese entonces a luchar contra ese espíritu y declarar que fui llamada y ungida por Dios para predicar por todo el mundo. Y por esa declaración ¡ahora estoy cumpliendo ese llamado al ministerio con victoria! Así es como usted crucifica el espíritu de Babilonia: ¡Reconociéndolo y abordándolo!

Creo que uno de los espíritus más grandes y que presenta más obstáculos, que intenta mantener cautivas a las personas en Babilonia es el espíritu del rechazo. Casi todo ser humano ha tratado con este espíritu de una u otra forma. Las personas se sienten rechazadas debido a su apariencia, su cultura, sus antecedentes religiosos, su familia, su raza, su educación, su personalidad, entre otras cosas. Satanás quiere que usted se siga sintiendo rechazado para que no se levante ni haga nada sustancial porque no se siente digno ni confiado.

Debemos admitir nuestras áreas débiles para que no se levanten e intenten obstaculizar nuestro futuro. Ahora bien, no deberíamos darnos la cabeza contra la pared porque nunca encontramos un sentido de la victoria. A decir verdad, a veces debemos reírnos de nosotros mismos y visualizar nuestras debilidades como sencillas de superar. Lo importante es ser conscientes de las «áreas de aflicción» tal como lo fue Nehemías cuando se levantó para cumplir con los propósitos de Dios.

La primera forma de destruir el cautiverio de Babilonia es definiendo las áreas que tienen una fortaleza sobre usted. ¿Hay debilidades de personalidad que lo hacen gravitar sobre determinados comportamientos pecaminosos? ¿Hay maneras en que usted trata a las personas porque fue tratado así mientras crecía? Decida los asuntos importantes y entonces estará posicionado para derribarlos. Por ejemplo, el motivo por el que algunas personas no pueden liberarse de los chismes es porque no reconocen ni ven que chismorrean. No piensan que tienen un problema con su boca. Gozan de abrir sus oídos a la última información y a la más jugosa. Esa es una Babilonia que no están seguros de querer abandonar. Debemos decidir con cuántas ganas queremos liberarnos de esas áreas.

Libre de la perversión en Babilonia

Recibí una historia de alguien que me contó cómo lo liberó Dios del espíritu de tormento de la perversión sexual. Es un testimonio tan increíble acerca de cómo salir del cautiverio de Babilonia de su vida. Es más que una historia de liberación, es una historia sobre reconstruir de nuevo, luego de que el diablo hizo pedazos una vida. Quiero compartirla con usted porque mucha gente no encuentra la liberación en esta área vergonzante y teme exponerla. El testimonio es de una mujer que, antes de convertirse al Señor había experimentado numerosas relaciones sexuales perversas —tanto heterosexuales como homosexuales— desde que era muy joven. El diablo la había elegido como blanco para el mal.

Al crecer, se encontró como una mujer joven en todo tipo de situaciones sexuales, muchas de las cuales detestaba. Sin embargo, debido a tanta exposición seguía ansiando esas perversiones, aún cuando en lo profundo de sí quería liberarse. Recuerde que los patrones y los hábitos de las tinieblas pueden programarse en su carne y alma hasta que únicamente usted sepa cómo responder a las cosas malas. Los malos espíritus invierten en el hecho de que su carne aprenderá un determinado patrón a través de la exposición, y usan esa grabación mental interior para controlar a una innumerable cantidad de personas.

Finalmente, conoció a su esposo. Se enamoraron profundamente y finalmente se casaron. Su relación era estrecha y ella ya no pudo imaginar una relación sexual con otra persona. Durante un tiempo estas perversiones incontrolables parecieron disiparse. Mantuvo sagrado su matrimonio y nunca cometió adulterio o algo como eso, pero finalmente siguió esclava de imaginaciones sexuales y de conductas sexuales compulsivas. Se sentía controlada como un títere por estos espíritus malignos. No siendo todavía cristiana, quería liberarse desesperadamente y clamaba por el Señor. A poco andar, ella y su esposo se entregaron al Señor y ella comenzó a orar a Dios para que esta compulsión maligna se fuera de su vida.

Ella cuenta su historia acerca de cómo el control de su cautiverio de «Babilonia» se fue por completo. Me encanta su historia porque literalmente atravesó una autoliberación. Muchas personas reciben oración, liberación, imposición de manos e impartición profética, pero regresan a su esclavitud. Creo que hay principios de esta historia que cada persona puede aplicar para quitar el espíritu de Babilonia. Hubo tres cosas clave que ella hizo para que cada espíritu maligno perdiera su poder, y que reprogramara su patrón de vida.

1. Oró periódicamente y le pidió al Señor que quitara todo deseo malo.

2. Fue sincera y se abrió ante su esposo sobre su conducta compulsiva actual aunque su pasado sexual no era un secreto para él.

3. Le pidió al Señor que le diera los deseos sexuales apropiados hacia su esposo.

¿Sabe qué hizo el Señor por ella? Primero, Él quitó todo deseo sexual en ella. Literalmente, ¡todo! Ya no le interesaba el sexo. Normalmente, eso destruirá un matrimonio, pero ella cree hoy día que esa corta temporada fue necesaria, porque Dios quiso que ella empezara de nuevo. Algunas cosas del pasado debían eliminarse para que el Señor pudiera plantar algo nuevo. El Señor estaba reprogramando sobrenaturalmente su mente. Dios había respondido la primera parte de sus oraciones. Las compulsiones se habían ido por completo.

Sin embargo, Dios aún no había terminado. La apertura de ella respecto de todo esto con su esposo expuso su cautiverio al espíritu de Babilonia. Así que, por último, el Señor literalmente reconstruyó un deseo sexual correcto en ella por su esposo.

Esta mujer aprendió a destruir el espíritu de Babilonia porque lo vio, lo admitió y luego con la ayuda del Señor lo removió. Estaba cansada de la angustia que le quedó por la invasión del diablo. Ella y su esposo hoy día tienen un matrimonio maravilloso, y sirven juntos al Señor con todo su corazón. En cuanto a ellos, sienten como si

> La oración constante lo armará para derribar fortalezas y le permitirá a Dios tratar con usted.

nunca hubieran tenido relaciones sexuales con nadie más. Testifican que Dios puede hacer lo imposible y en verdad volverlos puros del pasado que Babilonia ha dejado atrás. ¿No es esto poderoso?

Esta es una rápida revisión, o una breve enseñanza, sobre los principios bíblicos clave que ella aplicó para destruir su área de Babilonia. Le ayudará en su propósito de vencer su Babilonia.

Oración

Pídale a Dios que lo cambie y lo ayude a quitar todo cautiverio. No tema tratar sus áreas de problemas con el Señor. La oración constante lo armará para derribar fortalezas y le permitirá a Dios tratar con usted. Jesús enseñó este principio a sus discípulos en el Huerto de Getsemaní cuando les dijo: «¿Por qué dormís? Levantaos, y orad para que no entréis en tentación» (Lucas 22:46).

Jesús quería que estuvieran armados con la oración para que exitosamente vencieran la presión que surge de los eventos que están a la vuelta de la esquina. Lamentablemente, en cambio, ellos dormían y terminaron con problemas durante una época de tentación. La oración lo cambiará.

Confesión

Usted no puede vivir ocultando sus defectos a todos. Esto no significa que tenga que contarle a todo el mundo sus pecados. No todos pueden manejar cierta información sobre determinadas cosas, y le hará más daño que bien. Sus amigos más próximos, su familia, o su pastor, sin embargo, podrán oír sobre su cautiverio y hacerse responsables sin importar cuán grande o pequeño sea el asunto.

Si resulta una plaga para usted y quiere quitárselo de encima, entonces busque un creyente maduro en quién pueda confiar. Santiago 5:15 dice: «Confesaos vuestras ofensas unos a otros, y orad unos por otros, para que seáis sanados. La oración eficaz del justo puede mucho». Hay una sanidad que viene al ser sincero sobre lo que infecta su vida.

Sumisión

Esto significa que usted se somete a Dios. Lo hacemos tomándonos el tiempo para permitirle impartir una nueva forma de vida en nosotros. Nos llega leyendo la Palabra de Dios y permaneciendo cerca de cosas que impartan probidad en nuestra vida, incluso cuando no queramos hacerlo. Debemos elegir leer la Biblia, asistir con frecuencia a la iglesia e involucrarnos con otros firmes creyentes. También debemos cuidar todo lo que vemos y oímos. Comience a llenarse con las cosas del Espíritu. De eso se trata la sumisión a Dios.

Gálatas 5:16 dice: «Digo, pues: Andad en el Espíritu, y no satisfagáis los deseos de la carne». En otras palabras, haga cosas espirituales periódicamente, y de repente no deseará tanto como antes las cosas carnales. Así es como se somete a Dios y permite que su poder lo cambie de manera sobrenatural.

PASO NÚMERO 2 DEL ANTEPROYECTO: Encuentre su puesto

Esta parte del plan es muy importante porque la mayor parte de las personas que han luchado mucho en sus vidas generalmente terminan sintiendo como que perdieron el sentido de la dirección. ¡Por eso el diablo lo hace pedazos! Él quiere que usted se siga sintiendo como un esclavo de su situación para que no le sirva a Dios ni a nadie. El cautiverio logra algo importante: Hace que sus víctimas se sientan que son buenas para nada, entonces no hacen otra cosa que servir a sus circunstancias. Si quiere dejar atrás su pasado, debe encontrar un propósito en la vida que no sea realizar el control de los daños.

Hallar o simplemente reclamar su propósito en la vida es más sencillo de lo que creemos. Podemos ubicarlo en una simple declaración de principios. Encuentre su propósito formulándose una pregunta: «¿Cuál es la cosa o la persona con la que no puedo dejar

> El cautiverio hace que sus víctimas se sientan que son buenas para nada, entonces no hacen otra cosa que servir a sus circunstancias.

de vivir?». En otras palabras, ¿cuál es el rumbo de su vida del que no puede apartarse?

Yo no recibí una visión amplia respecto de mi llamado al

ministerio. Todo lo que recibí fue un momento cuando asistí a una gran reunión de ministerios en un centro de convenciones. Vi a una predicadora muy conocida ministrar y me dije: «Eso es lo que quiero hacer». Salvo por eso, todas las demás circunstancias de mi vida parecían decirme que me olvidara de esa idea. No tenía nada para qué avanzar, salvo algo en lo profundo de mi ser que me impulsaba hacia allí. Antes de eso no tuve una profecía ni nadie que fuera mi mentor.

No había nadie que pudiera enseñarme a lograrlo. No tenía dinero para la universidad bíblica. Sólo sabía que convertirme en predicadora de la Palabra de Dios era algo sin lo cual no podía vivir. Parecía no haber ningún camino para llegar allí, pero nunca abandoné ese pensamiento. Cuando era adolescente «jugaba a la predicadora» a solas en mi cuarto. Escuchaba cintas de enseñanza y me imaginaba predicando como los ministros de las cintas que oía. Colocaba una tabla de planchado como mi púlpito y practicaba frente a mi espejo. Nadie lo sabía, pero era lo que amaba y con lo que soñaba. Encontrar su puesto comienza con poner su dedo en la cosa que más arde en su corazón.

Deme ese muro o deme la muerte (creo)

Nehemías tenía tanto deseo de construir ese muro, o eso creía. Luego de que decidió que quería hacerlo, examinó las cosas y decidió proseguir. Aún conociendo la gravedad de la situación, seguía resuelto a hacerlo. Esa decisión sería testeada con la misma prueba que todo cristiano debe pasar si quiere estar seguro de su llamado en la vida. Es la prueba en la que usted se encuentra deseando aventurarse por ella. Es la prueba en la que cruza la línea y dice: «¡Deme mi propósito para Dios, o nada!».

Nehemías rápidamente descubrió que su propósito de construir el muro era tan profundo que habría muerto por esa causa. Los que trabajaban con él tenían que encontrar la misma determinación. Eso no significa siempre que muramos una muerte literal para llevar a cabo nuestro propósito, pero por cierto habrá algunas cosas que tendremos que sacrificar.

Sin embargo, junto con Nehemías había un grupo de personas que sólo quería trabajar para la reconstrucción del muro siempre que no se les exigiera demasiado. Nehemías 3:5 dice: «... pero sus grandes no se prestaron para ayudar a la obra de su Señor». En otras palabras, querían los beneficios pero sin ningún trabajo. Esa prueba determinó qué era verdaderamente importante para ellos.

Demasiadas personas hoy día quieren las cosas fácilmente. Usted

> Si usted no está dispuesto a sacrificarse desde el alma por algo, entonces probablemente no esté enamorado de eso o no ha sido llamado para ello.

ya lo ha oído antes. Vivimos en una sociedad de lavadoras y microondas. Queremos todo ahora. Nos gustan las palomitas de maíz en el microondas que se cocinan en tres minutos o menos, y sin cacharros para lavar. Nos gusta detenernos en una súper tienda para hacer todas las compras. Hemos llegado a esperar bancos donde los trámites se realizan desde el automóvil, al igual que cajeros automáticos, restaurantes, farmacias y cafeterías. Incluso me enteré hace poco que una ciudad tiene una morgue que ofrece visitas de ese tipo. ¡Es cierto! Queremos el servicio ahora. Personalmente, me parece que he perdido un tiempo precioso si mi computadora tarda más de cinco segundo en cambiar de pantalla.

También vemos hoy día muchos comerciales que ofrecen trabajos fáciles con poca capacitación y grandes ingresos. De algún modo no creo que Dios obre de ese modo. En realidad, no encontramos en ningún lado que Él sea un Dios de conveniencia. En cambio, descubrimos que Él es un Dios de sacrificio. Si usted no está dispuesto a sacrificarse desde el alma por algo, entonces probablemente no esté enamorado de eso o no ha sido llamado para ello. Por ejemplo, si realmente tiene la vocación de ser médico, entonces sacrificará el tiempo para asistir a la universidad durante los próximos diez a doce años. Puede costarle mucho dinero e innumerables horas mientras pone en espera sus momentos de ocio. De hecho, en esa profesión puede que nunca vuelva a encontrar mucho tiempo ocioso. Pero como su corazón arde por ella, hará lo que sea necesario.

Cuando comenzamos con nuestra iglesia colocamos todo lo que teníamos en ella. Tomamos créditos a nuestro nombre para que el ministerio se pusiera en marcha. Si la iglesia cerraba sus puertas, nos hubiéramos quedado con muchas deudas personales. También pusimos innumerables horas de planificación, trabajo, pintura, y por supuesto, prédica. Hicimos todo lo imaginable. Yo tipiaba el boletín y predicaba el sermón. Mi esposo pintó la guardería infantil y predicaba el sermón.

Recuerdo cuando armamos nuestra primera librería. Fui a la tienda local, compré algunos estantes, los apilé en mi auto y los preparé para el domingo, completamente decorados con libros y algunas flores artificiales y uvas. Se parecía más a un «área de libros» que a una librería. Estaba a la intemperie, detrás de «algo así como el santuario». Eso se debía a que todo nuestro edificio era una sola sala, como un monoambiente, con áreas dedicadas a cosas diferentes. Teníamos un «área de santuario», un «área de libros» y un «área de recibidor», desde donde se podía ver el púlpito. Luego había una habitación detrás de todo para el «departamento para los niños». Eran tantos los que usaban sombreros que podríamos haber habilitado una tienda de sombreros.

En realidad, no ha cambiado mucho desde entonces, aunque no me encargo personalmente el boletín porque hay personal que realiza esa tarea. Pero incluso hasta hoy, ambos hacemos lo que se necesite y nos vestimos con lo que se requiera. Por eso no me gusta cuando los cristianos y la gente de la iglesia son tan obstinados en sus opiniones respecto de los pastores. Todos quieren determinar qué deben y qué no deben hacer los pastores, pero no ven los días y las noches en que permanecieron despiertos buscando la forma de crear un ministerio.

No saben cómo se pusieron en riesgo a sí mismos, a sus familias y sus finanzas para dar a luz la voluntad de Dios.

Esas mismas personas que opinan a boca de jarro sobre los pastores determinan por sí mismos si, cuándo y cómo quieren asistir a los servicios, dar diezmos o servir en la iglesia. Recuerde que la mayoría de los ministros son buenos de corazón y probablemente pasaron las de Caín antes de predicarle a usted el domingo. Sea un apoyo amoroso para ellos, porque es probable que no sepa el precio que pagan tras las bambalinas.

Sabíamos que Dios nos llamaba para crear una iglesia porque la idea ardía en nuestros corazones, y hubiéramos hecho cualquier cosa para ello. Estábamos dispuestos a trabajar innumerables horas, a avanzar a través de las opiniones de los demás, y a dar nuestras vidas a su éxito. Hasta el día de hoy, me encantan los días hábiles en la iglesia. Siempre quiero arremangarme e ingresar y ser parte de ellos, aunque no puedo hacerlo con tanta frecuencia como antes.

Usted sabe que encontró su llamado cuando ningún hombre o bestia puede alejarlo de él. Seguirá regresando a él luego de una multitud de pruebas y circunstancias desalentadoras. En Romanos 16:4, Pablo elogió a Aquila y a Priscila por alinearse cuando él dijo: «expusieron su vida por mí; a los cuales no sólo yo doy gracias, sino también todas las iglesias de los gentiles». Estos dos increíbles maestros de la Palabra encontraron su puesto en el hecho de apoyar el ministerio de Pablo. Estuvieron dispuestos a correr riesgos al hacerlo por siempre.

> Reclamar y construir su propósito en la vida comienza por saber que usted no puede hacerlo solo. El Señor debe construirlo.

Pregúntese por qué cosas está dispuesto a correr riesgos porque sabe que sin importar qué, usted debe cumplir ese propósito. Si no está dispuesto a invertir tiempo y dinero en él durante muchos años, entonces probablemente no sea su destino final.

Se trata del Reino

Mientras encuentra su propósito en la vida, recuerde que no se trata sólo de usted, sino que todo lo que hacemos en la vida involucra al Reino de Dios. Sus metas a corto y largo plazo siempre deben tener un beneficio para el reino. Todos tienen habilidades que pueden ser de especial beneficio para la iglesia. Por ejemplo, si usted es abogado, entonces sus servicios y habilidades también benefician y ayudan a la iglesia. Si es artista, entonces use sus talentos para la obra de Dios. Nuestros talentos y planes siempre deben hacer avanzar la obra de Dios y su iglesia. Por cierto, también su dinero debe apoyar al reino.

Sin la prioridad del Reino, dejamos abierto nuestro propósito para que nuevamente el diablo lo haga pedazos. Por otro lado, usted sólo mejorará su propósito en la vida haciendo que el Reino de Dios sea una prioridad. Como dice Salmo 69:9: «Me consumió el celo de tu casa». Nosotros tenemos que tener celo por su casa. Y cuando usted esté consumido por el propósito de Dios, Él lo ayudará en el suyo.

PASO NÚMERO 3 DEL ANTEPROYECTO:
Construya su casa

Construir su casa no sucede de inmediato. La mayoría de las personas no se mudan a la casa de sus sueños inmediatamente después de que se van de la casa de sus padres. En general, el proceso comienza con ese pequeño departamento, luego una casa pequeña, luego una casa o dos mejores y después, finalmente, llega la casa de sus sueños. La primera clave para reclamar y construir su propósito en la vida comienza por saber que usted no puede hacerlo solo. El Señor debe construirlo.

Conocemos el versículo de la Biblia que dice: «Si Jehová no edificare la casa, en vano trabajan los que la edifican» (Salmo

127:1). Por supuesto, esto no significa que podamos descansar en una silla, comer pizza y no hacer nada porque «el Señor está construyendo la casa». Lo que significa es que mientras construye, el Señor será el director de obra a cargo del proyecto. Esto también significa que Él puede transitoriamente interrumpir sus planes de construcción con el objeto de ajustar su ética de trabajo. Puede cambiar su programa, cambiar de lugar de obra, gastar algo de dinero o pedirle que agregue algunos materiales nuevos especiales. Puede hacer cualquier cosa que Él quiera, cuando quiera. ¡Ah, sí! Como director de obra, puede hacerlo cuando usted no lo espere y cuando sea menos conveniente para usted. Seguirlo mientras lo hace es un proceso, pero siempre construirá la casa espiritual de sus sueños al final.

Una vez que Dios ha establecido dentro de usted cuál se supone que será su propósito en la vida, entonces ha llegado el momento de seguirlo y construirlo. De hecho, no es una opción, ¡Dios espera que usted construya algo con su vida! Dios le ordena que deje una marca poderosa en el planeta Tierra. Parte de la unción sobre el Rey Ciro fue construir una obra para Dios. Esdras 1:2 dice: «Jehová el Dios de los cielos... me ha mandado que le edifique casa...». Que se le haya mandado algo es muy serio. Significa que se le ha ordenado hacerlo. Salir del cautiverio significa que debe alcanzar algo significativo.

Eso no significa que usted deba convertirse en un notorio líder, construir las últimas innovaciones en tecnología o ganar un premio Nobel. Dios simplemente espera que todos hagan algo único y

> No es una opción. ¡Dios espera que usted construya algo con su vida!

especial para Él. Comienza por tomar una vida que alguna vez fue un caos y que ahora sea una alabanza a su nombre. Luego implica ayudar de alguna manera a su reino. Tal vez sea convertirse en el mejor maestro de escuela dominical que pueda ser, o en el más simpático y diligente empleado de estacionamiento de la iglesia. Hay muchas cosas que involucra, pero lo importante es ser un constructor, y construir algo con la vida que Dios le ha dado.

Lea las instrucciones para construir

Todo el mundo ha comprado muebles o algún otro artículo que viene con esas palabras en letras pequeñas en la caja que dice «listo para armar». *Ajá.* Por cierto puede recordar una experiencia de ese tipo. Luego cuando le sobran algunas piezas, se encuentra diciendo: «Sí, pero se debe a esas instrucciones equivocadas. No las comprendí».

En algunos casos, eligió pasar por alto toda la hoja de instrucciones. Encontramos una breve página de instrucciones en Esdras 1 que usaron las personas para salir de su cautiverio y comenzar un proceso activo de reconstrucción. Esta es la parte que tantas personas se saltean. Usted no puede tener una liberación efectiva sin un progreso activo. En otras palabras, para que se arraigue su liberación de la esclavitud y se asegure, debe plantar activamente algo que reemplace los antiguos hábitos y patrones. Por eso es tan importante para su vida construir para Dios. Pregúntese: «¿Qué me ha llamado Dios a lograr?». Luego desarrolle el plan de juego para comenzar. Puede empezar con las simples instrucciones de Esdras.

¡Levántese!

> «Entonces se levantaron los jefes de las casas paternas… todos aquellos cuyo espíritu despertó Dios para subir a edificar…»
>
> —Esdras 1:5

Tiene que levantarse y avanzar hacia su sueño. Pídale a Dios que le abra las puertas y le dé instrucciones, pero su palabra para usted es «comienza». Eso no significa que usted tenga que dar pasos de gigante, comience con pasos pequeños. Nosotros comenzamos nuestra primera oficina del ministerio colocando un escritorio en un único cuarto vacío.

Si sabe que lo que Dios quiere construir en usted ahora mismo reemplazará algún hábito antiguo, entonces decida qué cosas pueden agregarse a su programa en lugar de él. Por ejemplo, si está intentando dejar de fumar, reemplace los momentos en que fumaba un cigarrillo por algo divino y positivo. Si está intentando vencer el enojo, entonces detecte las situaciones que solían ponerlo furioso antes de que surjan y prepare un plan de acción para la próxima vez que suceda una situación similar. La clave consiste en no sentarse todos los días preguntándose si realmente ha cambiado o si algo va a funcionar. En cambio, levántese hoy y comience a construir.

Confortaron las manos de ellos

> «Y todos los que estaban en sus alrededores confortaron las manos de ellos…»
>
> —ESDRAS 1:6 (RV ANTIGUA)

Esto significa que debe comenzar a recolectar herramientas y provisiones. Para algunos se necesita capacitación a fin de «confortar las manos de ellos». Para otros puede requerir cambiar algunos hábitos financieros. Recolectar las provisiones correctas puede no darse en un día, pero comience a desarrollar las cosas en su vida que lo faculten y lo eduquen hacia su destino.

Advierta que para las personas de Esdras implicó dar y ofrecerse. «Confortaron las manos» puede significar que tiene que sembrar una ofrenda o dar su tiempo. Podría significar practicar ser bueno en algo. «Confortar» implica instrucción y capacitación. Conviértase en un especialista en lo que Dios puso en su corazón. Aprenda a través de la práctica, de manera tal que sea firme y bueno en cualquier cosa que haga.

Conéctese con la casa de Dios

> «El rey Ciro sacó los utensilios de la casa de Jehová, que Nabucodonosor había sacado de Jerusalén…»
>
> —ESDRAS 1:7

Toda vez que las personas viven con esclavitud en sus vidas, siempre parecen desconectarse de la iglesia y de Dios. Cuando la gente lucha, la iglesia generalmente ocupa el primer lugar en las cosas que recortan de sus vidas. Si quiere mantener renovado y vivo su proceso de construcción, su visión debe mantenerse conectada con el reino. Eso significa que no puede ser un solitario ni únicamente entablar relaciones con sus propios «pocos predeterminados selectos».

Encuentre una buena iglesia en su área y conéctese con personas que oren y amen a Dios y que apoyen a sus pastores. Luego involúcrese ayudando a la visión de ese ministerio. Use sus talentos para respaldarla, porque su casa se construirá cuando se encomiende a construir la casa de Dios. Esa es la manera de Dios, porque nosotros somos recipientes diseñados para ser una bendición a su obra.

PASO NÚMERO 4 DEL ANTEPROYECTO: Restaure su herencia

Esta es una última e importante parte de reclamar su propósito en la vida. Me gusta pensar en ello nuevamente como un refrigerador. ¿Alguna vez advirtió que cuando limpia el refrigerador para prepararlo para las nuevas compras nunca es un proceso que se lleva a cabo en una sola vez? ¡Ojalá lo fuera! Cada semana parece que algo que parecía ser alimento se convierte en un proyecto científico de terror. Algo se derrama, mientras que otra cosa se pone rancia y debe ser repuesta. Si la dejamos ahí, de repente ve que tiene un refrigerador lleno pero nada para comer.

Sé que algo anda mal cuando los niños comienzan a decir: «Mamá, no hay nada para comer», mientras me digo a mí misma: «Pensé que había muchas cosas en el refrigerador». No, en realidad el refrigerador se estaba usando para almacenar restos que se estaban pudriendo. Luego de limpiarlo, es increíble cuán vacío queda. Este proceso de llenar, limpiar y luego volver a llenar es necesario si es que va a usar el refrigerador para su propósito. Periódicamente, hay que devolverlo a su lugar justo.

Para mantener fresco nuestro propósito para Dios, debemos vivir conscientes de que Dios quiere seguir refrescando nuestra visión, nuestra dirección y nuestra herencia. Este proceso se llama restauración. Sin Él fácilmente nos salimos de foco y comenzamos a usar nuestras vidas en algo que no fue la intención de Dios. Entonces siempre quedamos con restos podridos. Y al poco tiempo nos damos cuenta de que no hemos dejado una buena herencia para que los que vendrán después la disfruten.

Nehemías tuvo que ayudar a las personas a través del proceso de restauración mientras él construía el muro de Jerusalén. En Nehemías 5, las personas comenzaron a llorar de frustración porque se dieron cuenta de que aunque se había terminado su cautiverio y estaba teniendo lugar algo maravilloso, aún no estaban disfrutando lo que era justamente suyo. Sus captores tenían bajo su control arteramente sus posesiones. Es cierto, Dios los había liberado del cautiverio y estaban reconstruyendo el muro, pero ¿qué les iban a dejar a sus hijos?

Para reclamar lo que justamente les pertenecía a las personas, Nehemías tuvo que asumir la autoridad. En Nehemías 5:7 regañó a los nobles. ¿Sabe usted que si quiere que las promesas de Dios se hagan realidad en su vida, debe reclamarlas? Si no, el diablo tratará de robárselas. Aunque sean suyas como herencia de Dios, el ladrón tratará de quitárselas sin que usted se dé cuenta (Juan 10:10). Luego, mientras piensa que ha construido una gran obra en su vida para Dios, un día se levanta y encuentra nada más que restos.

Nehemías asumió la autoridad por mandato cuando dijo: «Os ruego que les devolváis hoy sus tierras, sus viñas, sus olivares y sus casas, y la centésima parte del dinero, del grano, del vino y del aceite, que demandáis de ellos como interés» (Nehemías 5:11). ¿Sabe lo que sucedió en el versículo 12? ¡Los nobles que habían estado robando su herencia les devolvieron lo que era de ellos!

Para construir y reclamar su sentido de propósito en la vida y para Dios, tendrá que ponerse de pie por lo que Dios le ha prometido. No permita que el diablo se la lleve de arriba. Decida que quiere que sus promesas se manifiesten y ordéneles que sean suyas, como lo hizo Nehemías. Después de todo, Dios se las dio a usted, ¿no es cierto? Periódicamente usted debe ordenar que se restaure la herencia que le corresponde. Si no, se despertará un día y encontrará que algunas cosas maravillosas que Dios quiere que estén presentes en su vida ya no están. Trabajará duro para Dios pero sin recibir lo mejor de Él. Reclame su derecho a ser sanado. Póngase de pie y espere prosperar. Si necesita paz mental, reclame lo que Dios le ha prometido al respecto. Es su legado; no permita que el diablo lo reemplace por restos podridos.

¿Cuáles son las cosas que sus años de cautiverio en Babilonia le robaron? ¿Le robaron su gozo? ¿Le robaron la alegría de su familia? Tal vez le robaron sus casas y sus finanzas. Ordene que se le restaure lo que le pertenece. Usted tiene el derecho de que se le devuelvan y de disfrutarlas. Hacerlo significará que su sentido de propósito se eleve ¡con nuevo poder!

«*Cuando ponía al mar su estatuto, para que las aguas no traspasasen su mandamiento; cuando establecía los fundamentos de la tierra, con él estaba yo ordenándolo todo, y era su delicia de día en día, teniendo solaz delante de él en todo tiempo.*»

[PROVERBIOS 8:29-30]

CAPÍTULO 8

El DECRETO DEL REY MANTIENE SU VIDA en CURSO

«**O**RA POR LOS OJOS», FUERON LAS PALABRAS QUE oí pronunciar con mucho poder a mi espíritu durante mi oración. Estaba buscando al Señor en una reunión en particular en la que iba a ministrar, y quería tener la opinión de Dios. No podía escaparme del hecho de que sabía que el Espíritu Santo quería que orara por las personas con diversos problemas oculares. Las palabras *miopía, astigmatismo, ceguera* y *glaucoma* vinieron a mi mente. El Señor definitivamente tenía una agenda planeada. Oré acerca de ello y esperé a que el Señor realizara muchos milagros para las personas con problemas en los ojos.

Durante la reunión prediqué y luego finalicé con unos momentos de ministración. Convoqué a las personas con problemas oculares. La presencia del Señor estaba en ese lugar, y las personas estaban listas para recibir de Dios. Literalmente podía sentir la atmósfera de milagros. Cuando era posible imponía mis manos sobre la gente para impartir milagros de sanidad, porque el Señor me usa de esa manera con mayor frecuencia que de otras. Cuando se hizo el llamado, la gente fue al frente. Dios se movió entre las personas y muchos fueron bendecidos.

Específicamente llamé a la gente que sufría de glaucoma. Si sabe algo acerca de esta enfermedad en particular, sabrá que es muy grave. Genera un exceso de líquido en los ojos, generalmente en adultos mayores, que finalmente conduce a la ceguera. Tiene que tener confianza en el Señor para orar por las personas que la padecen. Sin embargo, nada es imposible para el poder de Dios. ¡Nada! Espero que Dios sane a las personas sin importar qué haya de malo en ellas. Para Dios, el glaucoma no es diferente de un dolor de cabeza.

Mientras oraba por los ojos de las personas, comencé a preguntarles si advertían cierta manifestación física de algún tipo. Estaba resuelta a ver milagros, y sabía qué me había dicho Dios. Quería saber qué les estaba sucediendo para que todos nos regocijáramos juntos. Y las personas en realidad informaban cosas diferentes, como una sensación de quemazón o un cambio en sus ojos. Estaban entusiasmadas.

Pero había un hombre en la fila que realmente me afectó de manera negativa. De hecho, estaba de pie en medio de la fila donde todos podían verlo. Le pregunté: «Señor, ¿siente que le haya sucedido algo?». Los demás me habían respondido a la misma pregunta con un gozoso sí, y muchos se habían postrado en el suelo tocados por el poder de Dios. Este hombre no. Cuando le pregunté si sentía a Dios tocándolo, se paró como una estatua y habló en voz alta con un firme y directo «¡No!». Todos pudieron oírlo también. Era algo embarazoso. Lo alenté a creer en el Señor por un milagro y seguí adelante con los demás.

Al volver a él, le formulé las mismas preguntas. Le pregunté si sentía un toque de Dios, una presencia o una sensación de algún tipo en su cuerpo. Cada vez respondía con el mismo «¡No!» inmediato, fuerte y casi resistente. Sin cambio en el tono de voz, sin sentido de la emoción, simplemente ¡No!

Finalmente, después de muchos intentos, proseguí y decidí que era mejor no seguir trabajando con él. Lo triste era que Dios estaba ministrando de muchas maneras, pero el hombre no podía meterse en el río del Espíritu Santo. Ni siquiera estaba dispuesto a intentarlo.

Por algún motivo, ese evento realmente me hizo pedazos. Es

increíble cómo uno puede dar testimonio de cinco o diez milagros, y el único que no funcionó es el que domina su pensamiento. Por cierto el diablo estaba intentando usar esa situación para quebrar mi confianza en la oración por los ciegos u otros estados graves, tales como la sordera o incluso los lisiados. Por supuesto, he encontrado a muchas personas que tuvieron problemas en recibir un milagro o que tal vez no sintieron nada en el mismo momento, pero este hombre casi parecía como si quisiera demostrar algo. En cualquiera de los casos, resuelta a resistir el ataque mental, no pensé demasiado en ello.

Unos meses más tarde, me estaba preparando para ministrar en otra reunión y comencé a sentir que el Señor me iba a hablar nuevamente de los ojos. ¡Por favor! El Señor no lo dijo realmente con exactitud, pero yo tuve esa sensación. Uno sabe cuándo su espíritu comienza a centrarse en algo durante la oración, y no puede evitar más que el sentido de que Dios quiere enfocarse en una dirección en particular. Sabía que el testimonio del Espíritu Santo se estaba formando dentro de mí para los ojos nuevamente. Mientras me iba a trabajar como todos los días, casi puedo recordar decir en mi mente en ese tono aniñado, monótono: «Señor, no puedo oírte. No voy a hacer eso. No, no lo haré». Me dije: «Predicaré. Profetizaré a un par de personas, y eso es todo. ¡Nada de ojos!».

Luego, justo antes de la reunión, mi esposo mencionó al pasar: «Oye, cuando ministres en la reunión, ora por los ojos».

¿Qué? ¡Podía haberlo atacado irracionalmente! En cambio, sonreí lacónicamente al hombre más importante de mi vida y dije: «Seguro, cariño».

Muy bien, ahora este es el punto en el que usted tiene que decidir entre lo que *dijo* Dios y lo que realmente usted quiso *oír*. Yo quise oír: «Predica un sermón poderoso que cambiará las vidas de las personas». Dios no tenía problemas con eso, pero Él tenía en mente otra cosa. Personalmente sentí que *necesitaba* continuar con lo que me hacía sentir segura y confiada, no por lo que dijo Dios —o incluso mi esposo— sobre eso.

Fui y prediqué en la reunión. Después, para desafiar por completo las instrucciones de Dios, me ocupé de las enfermedades de los ojos. Sinceramente no llamé a la oración de una manera como para imponer las manos sobre la gente, pero convoqué a un grupo de personas y oré una oración colectiva por ellos. Fue bonita y segura. De todos modos, parecía que Dios ministró a las personas aunque no llamé a ninguno en particular. Gracias al Señor Él nos ayuda a pesar de nosotros mismos. Sin embargo, Dios me estaba enseñando que permanecer con lo que Él me *dijo* me hacía sentir cómoda.

Luego, varios meses después, alguien de nuestra iglesia había sufrido una herida bastante grave en el edificio de nuestra iglesia justo antes de que empezara el servicio. En realidad, el accidente fue lo suficientemente serio como para que tuvieran que operarlo. Sabíamos que se trataba de un ataque, pero el evento intentó trabajar en las mentes de mi marido y la mía, porque esta interferencia sucedió en nuestra iglesia. Unos días más tarde, mientras nuevamente me preparaba para una conferencia, oí decir al Espíritu: «Orarás por las heridas, los ligamentos, la artritis y los problemas con los miembros».

¡Dios, por favor! ¿Ha advertido alguna vez que parece que le pide mucho en el momento en que se siente más desafiado? Él siempre espera que usted enfrente de inmediato las cosas que le generan enredos. También advertí que el Señor no siempre es comprensivo acerca de la condición emocional en la que usted está parado en ese momento. Él no espera hasta que usted forme su propia estima sobre algo. Después de un grave accidente de uno de los miembros en la propiedad de nuestra iglesia, tuve que salir y orar por los heridos y los lisiados. ¡Qué encantador!

Nuevamente, aquí es cuando tiene que decidir si va a hacer lo que *dijo* Dios o se adecuará a lo que está experimentando. Esta vez seguí mi determinación y llamé a una dama, diciéndole que ella había sido lastimada el día anterior, (sabía en mi corazón que fue en sus piernas, pero no se lo dije al principio). Le dije que viniera porque Dios quería que ella supiera que este ataque del diablo era inaceptable.

Luego, me aboqué a la artritis y a otros problemas. Las personas vinieron al frente y de repente comenzaron a manifestarse sus milagros. Las personas enfermas saltaban levantando sus bastones y haciendo movimientos similares. Una mujer me entregó un informe negativo sobre su espalda que acababa de recibir de su médico y me dijo que creía que Dios la iba a sanar. Vino a la reunión con el problema, pero se podía ver con claridad que ese día se había sanado. Otra señora, en ese mismo evento, escribió más tarde a nuestro ministerio diciendo que sintió un hormigueo sobrenatural en sus manos durante varios días después. Se curó por completo de su artritis. ¡Gracias a Dios! Me di cuenta de que *el poder no estaba en dónde yo me sentía segura sino en lo que el Señor decía que debía hacer.* A partir de todo esto he visto al Señor hacer innumerables milagros en ojos, piernas, y muchas otras condiciones porque me mantuve en lo que dijo Dios. ¡El poder está en el decreto del Rey!

> Olvidar la Palabra del Señor es la razón principal por la que las personas se salen de su curso una y otra vez.

Debe realizarse una búsqueda

Pensemos nuevamente en todos los retos que enfrentó Israel cuando tanto Esdras como Nehemías comenzaron a reclamar sus propósitos después de muchos años de cautiverio. Pudieron fácilmente haber recurrido a seguir lo que los hacía sentirse seguros en lugar de seguir la intención de Dios y lo que Él había decretado para ellos. De hecho, este es uno de los desafíos más grandes para todo cristiano. Es el motivo por el cual la gente se descarría, se rinde ante sus milagros, deja de dar su diezmo, se divorcia, deja de asistir a la iglesia o incluso deja de servir a Dios. Se salen de su curso cuando están bajo presión porque olvidan, o tienen problemas para recordar, lo que les ha dicho Dios. Durante una prueba o un momento de frustración se olvidan lo que leyeron en la Biblia, o después de una desilusión ya no traen a su mente la palabra profética que recibieron.

Parecería como si, cuando estamos hechos pedazos, una de las cosas que se van por la ventana es la Palabra del Señor. *Olvidar la Palabra del Señor es la razón principal por la que las personas se salen de curso una y otra vez.* Debido a esta tendencia, debemos conocer cómo aferrarnos a las cosas que hemos oído decir a Dios para que nuestro propósito para Él permanezca en el blanco. Si hay alguna lección o verdad a aprender en este libro, esta tal vez sea la más crucial de todas.

En el libro de Esdras, mientras el pueblo de Dios estaba ocupado y construyendo el templo con entusiasmo bajo los ataques más feroces, hicieron algo muy específico que los mantuvo en su curso con el proyecto. En Esdras 5, leemos que sus adversarios les habían preguntado si tenían el derecho o la autoridad de hacer el trabajo. Los sabios que supervisaban la tarea respondieron a sus adversarios con una declaración poderosa: «Pero en el año primero de Ciro rey de Babilonia, el mismo rey Ciro *dio orden para que esta casa de Dios fuese reedificada*» (Esdras 5:13, énfasis agregado).

¿Qué hizo el rey? Dictó un decreto. Eso significa que *dijo* algo que él, como autoridad suprema, esperaba que se honrara y se llevara a cabo. Sin embargo, había adversarios que cuestionaban lo que él declaró. Cuestionaban el decreto del rey.

Advierta qué hicieron los ancianos luego de que se cuestionó la palabra del rey. No se derrumbaron por que este era el último recurso. Advierta que habían estado bajo constantes ataques. La obra había sido resistida, frustrada y detenida, incluso hasta el punto en que no se la había podido continuar durante el reinado del propio rey que les dijo que la realizaran. Tantos de nosotros nos rendimos cuando las cosas llegan a ese nivel. Pero ellos hicieron una cosa. Bajo una presión tremenda para cambiar lo que sabían que era cierto, fueron a ver al rey actual, Darío, y le dijeron: «... búsquese en la casa de los tesoros del rey que está allí en Babilonia, si es así que por el rey Ciro había sido dada la orden para reedificar esta casa de Dios en Jerusalén, y se nos envíe a decir la voluntad del rey sobre esto» (v. 17).

¿Qué hicieron? Fueron e investigaron en realidad qué había dicho el rey Ciro. La presión y las circunstancias negativas, combinadas con las opiniones y los desacuerdos de las personas, pueden hacer que usted se vuelva confuso con lo que Dios le dijo. Las pruebas pueden hacer que se olvide la verdad de las Escrituras. Entonces la tentación es cambiar de dirección o cambiar lo que

> Simplemente es muy riesgoso y fácil de cambiar una verdad bíblica para que encaje en nuestras circunstancias, especialmente durante una prueba.

usted cree porque no puede manejar la resistencia. En este caso los ancianos de Israel pudieron aferrarse al decreto que provenía del rey porque volvieron e investigaron qué decía. No intentaron simplemente *recordar*, debieron regresar y averiguar, aún cuando conocían la idea general del decreto del rey.

¿Con cuánta frecuencia conocemos la idea general de una palabra profética que recibimos o de una verdad bíblica que alguna vez estudiamos? Tal vez dedicó la semana a leer versículos bíblicos sobre cómo vencer el miedo, pero después de un tiempo, cuando una situación atemorizante realmente lo intimidó, se olvidó de aplicar lo que leyó. Todos podemos recordar momentos en que esto sucedió.

Así que los constructores del templo realizaron una revisión del decreto del rey, pero ¿advirtió a dónde fueron a revisarlo? Fueron a la casa del tesoro del rey. Este era el lugar designado en que se archivaban las leyes, los decretos y los mandamientos del rey. Para nosotros el rey Jesús ha designado casas del tesoro en el espíritu donde podemos ir y revisar lo que Él ha decretado para nuestras vidas. La primera casa del tesoro de los decretos del rey y la más obvia es la Biblia.

Probablemente haya oído la frase *Si quiere conocer la voluntad de Dios, lea la Palabra de Dios*. Según cuál sea su posición en la vida, necesitará realizar una búsqueda y una revisión periódica de las Escrituras. Con frecuencia revisará los mismos versículos una y otra vez. Nunca piense que ha leído demasiadas veces los mismos versículos. Debe seguir revisando el decreto del Señor para su situación desde su casa del tesoro de las Escrituras. Simplemente es muy riesgoso y fácil de cambiar una verdad bíblica para que encaje en nuestras circunstancias, especialmente durante una prueba.

Acuda a la casa del tesoro del Rey y revise repetidas veces su Palabra escrita, para que sepa que cree incluso bajo presión y persecución.

Otro lugar donde podemos encontrar el decreto del Señor en casa del tesoro es por medio de la palabra profética. Eso es a través de la profecía personal, profecías a la iglesia, o incluso palabra que el Espíritu Santo coloca en nuestro corazón por medio

> La instrucción buena y bíblica lo mantendrá dirigiéndose hacia las cosas que el Señor está diciendo, en lugar de permitirle descarriarse.

de una revelación. Necesitamos este tipo de decreto porque sin él nos volvemos religiosos y sin vida. Las verdades de la Biblia combinadas con la sólida y profética Palabra del Señor son muy poderosas. El apóstol Pablo le recordó a Timoteo: «... conforme a las profecías que se hicieron antes en cuanto a ti, milites por ellas la buena milicia» (1 Timoteo 1:18).

La palabra profética en usted puede ser un arma siempre que no la olvide. Usted puede librar una guerra con esas palabras escribiéndolas, revisándolas y meditando sobre ellas. Siga buscando esa casa del tesoro. Piense qué está intentando decirle el Señor en esa palabra. Declárela y repítala en voz alta como lo haría con los versículos en los que se está respaldando.

Con frecuencia, guardo en mi Biblia determinadas palabras

personales que recibí en distintas ocasiones, así puedo mantener mi espíritu lleno de ellas. Entonces cuando surge una situación que me dice lo opuesto a esa palabra, estoy armada para ponerme de pie por lo que el Rey ya ha decretado para mí.

Por último, recuerde que la casa del tesoro del Rey contiene una riqueza de sus poderosos decretos. Esos decretos también se encuentran hablados, repetidos, y orados en la *iglesia*. Con sólo asistir a una iglesia local firme y ungida, halla el decreto del Rey para su vida manifestándose a su alrededor. El contacto y la comunión periódicos con creyentes ardientes le abrirán un tesoro en el espíritu. La instrucción buena y bíblica lo mantendrá dirigiéndose hacia las cosas que el Señor está diciendo, en lugar de permitirle descarriarse por cualquier cosa que esté sucediendo con usted personalmente o con su familia.

¿Dónde están las bolsas de basura?

Por supuesto, si ha criado una familia —especialmente si ha criado adolescentes— automáticamente sabe que la comida es una gran parte de su vida. Hasta ahora, nuestro hogar debería haber tenido acciones en cada empresa fabricante de patatas fritas del país. Creo que la puerta de nuestro refrigerador se la pasa más tiempo abierta que cerrada. Y decidí que la mayor parte de nuestras compras de alimentos consisten en artículos de refrigerios, especialmente bebidas. ¡Gracias al Señor que pasamos de un refrigerador descompuesto a uno mucho mejor!

Sin embargo, finalmente llegamos a un punto en el que nuestro refrigerador no alcanzaba. El agua embotellada, el jugo y las botellas de soda rebalsaban. Así que llegó el día en que compramos otro más y lo colocamos en la sala. Ahora tenemos dos refrigeradores para llenar. Puede imaginarse cómo es el día de compras para nuestra familia. ¡Es casi vergonzoso! Mi esposo y yo vamos juntos y apilamos dos carros, él puede llenar con más prolijidad su carro que nadie a quien haya conocido. Sé que los cajeros salen corriendo cuando nos ven venir.

Cuando llegamos a casa, tenemos que pasar por el desagradable proceso de descargar y sacar todo de las bolsas. Vaya, lleva mucho tiempo. Luego mientras tanteamos lo que hay en ellas, mi esposo y cohorte de compras dice algo como: «Cariño, ¿ya encontraste las bolsas de la basura?».

Entonces me detengo y pienso. «No, no puede ser. Las bolsas de la basura. ¿Cómo pude olvidar comprarlas? Era el artículo más importante. El motivo principal por el que fuimos a la tienda. ¡No puedo creer que me olvidé de comprarlas!».

¿Alguna vez le sucedió? Justo en ese momento, mira hacia la cocina y ve que la basura se apila, las compras están por todas partes, los trastos en la pileta, el caos es increíble… y no hay bolsas para la basura en ningún lado. Ni una. Entonces se pregunta: «¿Cómo es que compré toda la tienda pero no compré lo más importante de mi… lista? Ah, sí, la lista, la que tenía en mi cabeza. Si sólo la *hubiera* hecho, ¡no me hubiera olvidado de las bolsas para la basura». Luego, inseguro de qué hacer con toda la basura que se apila en la cocina, utiliza lo que está a su alcance, las bolsas de las compras, una vieja bolsa de la tintorería, porque por cierto no va a volver ahora a la tienda.

Con mucha frecuencia, hacemos lo mismo con las cosas del espíritu. Intentamos encomendarle todo al Señor respecto de la memoria. Pero la memorización de la Palabra del Señor *es* algo maravilloso. Creo que Dios escribió su Palabra en las páginas de la Biblia, sin embargo, porque el Señor sabe que es imposible que recordemos sus listas y listas de promesas y mandamientos cuando hay caos en todos lados. Tal como en el día de compras, usted no puede recordar todo de memoria. De hecho, cuanto mayor es la prueba más imperativo es que tenga un decreto escrito de Dios en sus manos. Si no, usted se encontrará olvidando algo que necesita desesperadamente: Una promesa que le cambie la vida, un mandamiento clave o una directiva importante. A veces no nos olvidamos realmente de lo que dijo el Señor; simplemente lo cambiamos levemente, porque a la luz de nuestra situación presente, sus promesas o mandamientos pueden parecer demasiado extremos. Durante esos momentos nos vemos tentados a salirnos del curso del espíritu mientras intentamos crear soluciones rápidas y atajos para el problema.

Como pastora, siempre tengo oportunidades de dar guía espiritual a las personas acerca de sus problemas. No intento ser una consejera espiritual. Mi tarea como ministra del evangelio es recordarles a las personas qué ha dicho el Señor. Así es como trato también conmigo misma. Descubrí al darme «consejo» a mí misma que si sólo redirijo mi atención a lo que el Señor ya ha pronunciado o decretado, siempre hay mucho buen consejo allí.

Sin embargo las personas me han dicho: «Pastora Brenda, valoro lo que me dice, pero no creo que comprenda la gravedad de mi problema o de dónde provengo».

Puede que tengan razón, probablemente no lo haga. ¡Pero el Señor sí! Por eso nos dio la Biblia. Él siempre tiene las respuestas, y probablemente ya le haya mostrado muchas de ellas. No creo que el Señor se haya olvidado de darle el consejo apropiado en su Palabra pertinente a su problema. Pero cuando las personas están convencidas de que su problema es demasiado grave para

> Antes de buscar nuevas respuestas, debemos revisar y practicar las que ya tenemos en nuestras manos, encuadernadas en cuero negro: ¡La Biblia!

que la Biblia o incluso para la palabra profética que recibieron, casi siempre buscan ayuda en otro sitio. De hecho, he hablado con personas, dándoles consejo directamente de la Biblia, y luego más tarde me escriben una carta diciendo: «Gracias por la ayuda, pero realmente necesito otro consejo profesional».

Por favor, no confunda lo que estoy diciendo. No estoy en contra de los buenos consejeros cristianos. Mi problema es que cada vez que alguien me ha dicho eso, casi siempre puedo ver que están ignorando o no practicando la Palabra del Señor: la Biblia.

Antes de seguir buscando nuevas respuestas, debemos revisar y practicar las que ya tenemos en nuestras manos, ¡encuadernadas en cuero negro! Imagine cómo se reduciría la necesidad de consejería matrimonial si sólo pusiéramos en práctica los versículos sobre el amor, el cuidado de nuestras palabras, y mortificar los hechos de la carne. Es duro seguir luchando y tratando mal uno al otro cuando realizamos una determinación firme para hacer lo que Dios ya ha dicho. Debería pensar que dos cristianos en un matrimonio deberían ser capaces de hacer esto.

Como los ancianos de Israel, debemos aferrarnos al decreto del Rey y seguir haciendo lo que Él dijo, sin importar cómo nos sentimos o qué presiones estamos enfrentando en el momento. Usted no puede simplemente tratar de recordar qué escuchó predicar una vez o qué dijo la profecía el domingo. Tiene que verlo una y otra vez. Si tiene problemas para actuar con amor en su matrimonio, entonces tal vez necesite tomar los decretos de Dios sobre el amor y llevar esas palabras escritas con usted para una referencia constante. Siga buscando la casa del tesoro del Rey. Así es como seguirá en curso en la vida, y cuando el enemigo lo haga pedazos, no será vencido y cambiará su estrategia.

Tres ardides demoníacos

El diablo no juega limpio. En realidad, no juega. Esta es la verdadera guerra espiritual y debemos saber cómo contraatacar a nuestro adversario, si no, si lo dejamos, él *continuará* haciendo pedazos nuestra vida.

> Satanás siempre tiene muchas personas alineadas que están más que dispuestas a hablar con usted para alejarlo de la Palabra del Señor. ¡Algunas de ellas son muy buenas en eso también!

Entonces, una cosa que Satanás sabe es que si él puede cuestionarlo y así ignorar lo que Dios dijo, él lo tiene dominado.

Aquí mencionará otra vez cómo engañó a Eva en el huerto, preguntándole: «¿Conque Dios os ha dicho?» (Génesis 3:1). Si el diablo no puede hacer que usted ignore lo que dijo Dios con una simple pregunta como la que le hizo a Eva, sin embargo, a él no le importa usar circunstancias montañosas para poner a prueba su determinación. Esto es lo que sucedió durante la reconstrucción del templo cuando los adversarios del proyecto lanzaron una campaña para detener la obra. «Pero el pueblo [adversario] de la tierra intimidó al pueblo de Judá, y lo atemorizó para que no edificara. Sobornaron además contra ellos a los consejeros para frustrar sus propósitos, todo el tiempo de Ciro rey de Persia y hasta el reinado de Darío rey de Persia» (Esdras 4:4–5).

Veamos las tres maneras en que los enemigos los desalentaron a permanecer en su curso con la Palabra del Señor. Creo que son las mismas cosas que usa el enemigo para desalentarnos a que nos aferremos a lo que Dios nos dijo y a reconstruir nuestros sueños para Dios. Él usa esos mismos ardides para que nos desconcentremos de las directivas de Dios de manera que ya no cumplamos con nuestro destino.

ARDID NÚMERO 1: *Él debilitó las manos de las personas.*

Por lo general, si estamos muy cansados no queremos leer la Biblia ni hacer otra cosa. El cansancio puede ser físico, pero también puede ser mental y emocional. Luego de haber pasado muchas pruebas la tendencia es agotarse emocionalmente, y fácilmente nos podemos encontrar diciendo: «No puedo soportar otra desilusión».

El agotamiento es la meta del diablo. Él quiere mantenerlo tan cansado y tan ocupado como para que usted deje de declarar la Palabra de Dios en una o más áreas.

ARDID NÚMERO 2: *Lo atemorizó para que no edificara.*

Probablemente haya oído el dicho: «Un paso hacia delante y dos pasos hacia atrás». Hablamos en detalle en el capítulo 5 sobre los ciclos de problemas. Los problemas constantes son un ardid demoníaco clásico que quiere que usted se olvide de las promesas de Dios. Si se concentra lo suficiente en lo malo, ¡con facilidad se olvidará de lo bueno!

¿Alguna vez ha advertido cómo, en el ardor de una prueba, ya no estamos de acuerdo con, no recordamos, ni incluso comprendemos lo que dijo Dios? A veces incluso cambiamos las doctrinas en las que más confiábamos. Una vez recibimos y defendimos la Palabra del Señor, pero ¿y ahora? *Hmm...* ahora le decimos a Él: «Señor, ¡No estoy seguro de comprender qué estás intentando decirme!».

Ardid Número 3: *Sobornaron además contra ellos a los consejeros.*

Sí, después están siempre las personas. Por supuesto, hay seguridad en las personas que temen a Dios y que se encomiendan a la Palabra de Dios. Sin embargo siempre estarán los que creen que la manera de Dios es demasiado extrema para usted. Por ejemplo, ellos piensan que si usted da una ofrenda del diez por ciento de sus ingresos ha dado demasiado. No les importa si está en la Biblia o no, simplemente piensan que se ha vuelto loco. Entonces dirán cosas como: «No puedo creer que des tanto dinero a la iglesia. Si dejaras de hacerlo, podrías conducir un auto mejor o podrías pagar tus facturas pendientes». Entonces, si usted no es cauteloso mirará su situación financiera, escuchará a sus pacientes chismorreando sobre su diezmo y se empezará a preguntar en qué se equivocó.

Satanás siempre tiene muchas personas alineadas que están más que dispuestas a hablar con usted para alejarlo de la Palabra del Señor. ¡Algunas de ellas son muy buenas en eso también! Siempre suenan muy convincentes, pero nosotros debemos siempre volver a lo que dijo Dios, no a lo que dice o cree la gente. Habrá momentos en que se verá severamente perseguido por ello, pero no obstante, aprenda a ser tenaz con la Palabra de Dios.

Sostenga el decreto en su mano

Durante un período, parecía que los tres ardides usados por los adversarios del proyecto del templo habían sido exitosos.

Resumamos lo que tratamos hasta ahora respecto de la reconstrucción del templo:

- No se completó durante el reinado de Ciro.

- Fue atacado con tanta maldad que no se terminó durante el reinado de los dos reyes siguientes (Esdras 4:5–24).

- No se volvió a empezar de nuevo hasta el reinado de Darío, pero incluso entonces, tampoco se terminó.

- Sólo sucedió cuando regresaron al decreto original del rey.

Cuando comenzó de nuevo el proyecto de reconstrucción, requirió un nuevo tipo de determinación para soportar la ola de ataques. Nuevamente los enemigos cuestionaron el derecho de hacer la obra, y ahí fue cuando el pueblo decidió que tenían que defender lo que el rey había dicho. En Esdras 6:2 dice que hubo un registro que ya estaba *escrito*. En ese registro encontraron directivas muy específicas sobre la reconstrucción del templo. Si no hubieran revisado el decreto original, estoy convencida de que el proyecto se hubiera abortado de nuevo.

No sé qué piensa usted, pero hay algunas promesas, algunos sueños y algunas expectativas en mi vida que no voy a permitir que el enemigo aborte nuevamente. ¿Qué le dijo el Señor que usted quiere que suceda? Si está resuelto a ver cumplir el propósito

> **La palabra profética sobre su vida es que usted entrará a un destino divino.**

de Dios para su vida, ha llegado el momento de tomar el decreto del Rey y restregarlo ante el rostro del enemigo. Debe decirlo en voz alta para que pueda oírse a sí mismo. Esto es especialmente cierto si ha pasado años diciendo algo negativo cada vez que fue atacado.

El Salmo 119:50 dice: «Ella es mi consuelo en mi aflicción, porque tu dicho me ha vivificado». Lo aliento a que lea todo el Salmo 119 para recordar cuán importante es aferrarse a la Palabra del Señor. Y el versículo 50 nos recuerda levantarnos por sobre los problemas a través de la Palabra de Dios, que es lo que nos imparte vida, nada más que lo que el Rey ya ha declarado.

Debemos recoger el decreto del Rey. Sí, debemos realmente sostenerlo en nuestras manos y luego leerlo una y otra vez —luego leerlo unas veces más— para poder alinearnos con la opinión de Dios cuando resulte más sencillo tomar otro enfoque.

Esto fue exactamente lo que hicieron los ancianos para evitar otra interrupción en la obra del templo. Tenían finalmente que contar con esa palabra declarada abiertamente para sí y para sus enemigos. Evite otra interrupción también en su vida. Declare abiertamente la Palabra del Señor, sosténgala en sus manos, ¡y declare el decreto del Rey!

El séptuplo decreto del rey

Podemos tomar el decreto del rey Ciro y usarlo como un patrón para darle forma a la reconstrucción de nuestras vidas en cualquier lugar que haya sido atacada. A partir de Esdras 6:3–11, hubo siete directivas o partes halladas en el decreto que creo que representan lo que nuestro rey Jesús quiere que se decrete para nosotros. Veamos los detalles específicos del decreto del rey y comencemos a esperar que obren en su vida.

DIRECTIVA NÚMERO 1: *Permite que la casa sea reedificada (Esdras 6:3).*

Actualmente el Señor le está diciendo: «Deja que tu casa espiritual sea reconstruida. Permite que tus sueños sean formados por

Dios». En otras palabras, Dios le está dando el derecho y la orden divinos de ir y hacer algo grande con su vida que será un gran testimonio y beneficio para el reino de Dios.

Puede que el diablo le esté pronunciando grandes palabras de derrota, pero Dios está diciendo otra cosa. Él está declarando ahora mismo: «Permite que la casa sea reedificada». Si el Señor está diciendo eso, entonces comience a esperar y a actuar como si fuera cierto. La palabra profética sobre su vida es que usted *entrará* a un destino divino.

DIRECTIVA NÚMERO 2: *Que sus paredes sean firmes (Esdras 6:3).*

Cuando Dios construye algo, lo hace bien. Cuando se erige un edificio con buenos cimientos, significa que no se desmoronará fácilmente cuando las cosas que lo rodean comienzan a temblar. Un buen cimiento es la clave para la longevidad de la edificación. Dios está declarando eso para usted.

¿Cuáles son algunos de los elementos cristianos básicos que conforman un fundamento firme? Sea consistente en los momentos que le dedica a Dios, ore, lea la Biblia y permanezca cerca de la iglesia y de otros creyentes. Ese es el mejor lugar para empezar o regresar. Comience a hablarle a los cimientos de su vida. Véase fuerte en la oración, véase como un cristiano estable y espere ser una persona que puede defender poderosamente al Señor en cualquier situación. *Con cimientos firmes en su vida, no fracasará.*

> Hoy el Rey está de pie ante usted, dispuesto a darle lo que necesite para alcanzar su destino.

DIRECTIVA NÚMERO 3: *El gasto sea pagado por el tesoro del rey (Esdras 6:4).*

Con mucha frecuencia, nos asalta la idea de que Dios no va a proveernos de los recursos que necesitamos para las cosas. No estoy hablando de recursos financieros, si bien éstos están incluidos.

De lo que estoy hablando es de lo que necesitamos que Dios nos imparta para poder construir nuestras vidas y ser llamados para su gloria. Jesús estuvo dispuesto a pagar mucho para que usted esté bien provisto. Lo que Él quiere que usted sepa es que si necesita un milagro en su vida, entonces Él lo proveerá. Si necesita paz, entonces Él le está dando paz.

Tenemos que ser muy cautelosos en no tentarnos y creer que simplemente estamos saliendo del paso por nuestros propios medios. ¡No! El Rey está de pie ante usted, dispuesto a darle lo que necesite para alcanzar su destino. Comience a esperar eso, porque todo recurso imaginable está disponible en la casa del Rey.

DIRECTIVA NÚMERO 4: *Los utensilios de oro y de plata de la casa de Dios sean devueltos (Esdras 6:5).*

Estos utensilios eran los preciosos instrumentos de adoración que había robado Nabucodonosor. Eran las herramientas que ayudaban a los sacerdotes a cumplir su servicio a Dios. Cuando algo sucede que interfiere o lo hace pedazos, siempre intenta robarle su unción. Estos utensilios representan el poder tangible de Dios que nos ayuda a lograr nuestro servicio hacia Él.

Sin embargo, cuando enfrenta oposición, le hace querer luchar para percibir la presencia de Dios operando en su vida. Sepa que el decreto del Rey está declarando ser restaurado. En lugar de temer que no se manifieste lo sobrenatural, comience a esperar que Dios le otorgue las herramientas espirituales (utensilios de adoración) para poder hacerle frente al enemigo con su poder. Espere sentir la mano de Dios en su vida. Espere que los dones del Espíritu operen en usted y sepa que Dios lo está proveyendo de las herramientas adecuadas para que se realice la tarea.

DIRECTIVA NÚMERO 5: *Los adversarios deben ser quitados (Esdras 6:6).*

El rey Ciro había ordenado que los enemigos del proyecto supuestamente no interfirieran con la obra. De hecho, el decreto declaraba que debían ubicarse lejos de ésta. Por supuesto, de todos modos interfirieron. No fue hasta que la gente se mantuvo firme respecto de la orden del rey que vencieron y alejaron a sus adversarios.

El diablo intentará interferir. Pero tenga confianza, Dios ha decretado que no se le permita la entrada en su domino para que no detenga su trabajo para Él. La manera de hacer que el diablo escape de su territorio es resistirlo con la orden del Rey, lo que Él ya ha dicho. Santiago 4:7 dice: «Someteos, pues, a Dios; resistid al diablo, y huirá de vosotros». ¡El Rey ha declarado que sus adversarios deben irse!

DIRECTIVA NÚMERO 6: *La provisión diaria necesaria para los sacrificios de adoración será dada (Esdras 6:9).*

El rey les había ordenado a las personas que se les debía entregar provisiones diarias para que pudieran hacer sacrificios de adoración. A veces, cuando enfrentamos las situaciones no nos sentimos con ganas de adorar a Dios. En cambio queremos llorar o enojarnos o sentir temor. En verdad la adoración se siente como un sacrificio. Por eso la Biblia se refiere a la alabanza a veces como un sacrificio, pero hay una bendición cuando escogemos realizar ese sacrificio.

Jeremías 33:11 dice: «... voz de los que traigan ofrendas de acción de gracias a la casa de Jehová. Porque volveré a traer los cautivos de la tierra como al principio, ha dicho Jehová». ¡Vaya! ¿Eso significa que se rompe literalmente el cautiverio porque se ofrece un sacrificio de alabanza? ¡Sí! Significa que elegimos adorar a Dios por sobre la circunstancia negativa que enfrentamos, y que hace que el espíritu de cautiverio se rompa.

Pero hay todavía más. De acuerdo con el decreto del rey, Dios incluso nos provee del sacrificio. En otras palabras, cuando usted no piensa que puede encontrar la fuerza para hacer el sacrificio, Él lo renovará con la capacidad de adorarlo más allá de sus propias fuerzas. Esto es lo que el Rey ha declarado para usted, así que comience a creerlo.

Directiva número 7: *Nadie puede alterar el decreto del rey (Esdras 6:11).*

El pueblo de Dios descubrió que el rey Ciro dijo algo muy poderoso aquí. Creo que esta enunciación es de verdad un beneficio adicional. El decreto decía que si alguien intentaba alterar lo que estaba escrito, su propia casa sería derribada y dejada como un estercolar. Además, declaraba que los que lo modificaran serían colgados. Bastante valiente, ¿no? Esto nos demuestra que el rey se tomó muy en serio lo que había escrito. Nadie debía cambiar o meterse con el decreto de ningún modo.

También podemos ver aquí que Jesús nuestro Rey se toma muy en serio lo que Él dijo también. A Él no le gusta cuando cambiamos su Palabra debido a nuestra propia situación. No le gusta cuando el diablo nos engaña e intenta que nos alejemos de su Palabra. Cuando Dios dice algo, ¡lo dice en serio! Por ejemplo, si Él le promete gozo, entonces deje de aceptar la depresión. Comience a declarar su decreto respecto del gozo y espere que se manifieste en usted. No se vea entrampado en alterar la Palabra del Señor por cómo se siente ese día. Permanezca con ella llueve o truene. Alterar la Palabra de Dios debido a las circunstancias de su vida sólo derrumbará su propia casa. Hará avanzar el problema. Quédese con lo que ha hablado el Rey, y su casa se construirá con gran bendición y propósito.

Tome cada parte de este séptuplo decreto del Rey y espere a que forme parte de su vida cotidiana. Después de todo, si lo dijo el Rey, entonces puede estar seguro de que es de fiar. El pueblo de Israel sostuvo en alto el decreto ante sus enemigos para que lo leyeran y lloraran. De hecho, después de que el pueblo de Israel se volviera perseverante con el decreto, Tatnai el gobernador, junto con sus compañeros de trabajo, que habían sido sus oponentes más feroces, fueron obligados por el rey Darío a ayudar a que se lleve a cabo el decreto. Esdras 6:13 dice: «... hicieron puntualmente según el rey Darío había ordenado».

Comprendieron que era mejor ocuparse siguiendo la palabra escrita porque de lo contrario sus casas iban a correr un gran riesgo. Se percataron que iban a ser colgados porque el decreto escrito había vuelto a entrar en escena. Creo que cuando usted sostiene en sus manos el decreto del Rey, sin importar qué, no sólo construye su propia casa, sino que también derrumba la firme casa del su enemigo el diablo. Él por cierto no tiene poder de hacerle frente a lo que el Rey ha dicho, y se verá forzado a emprender la retirada.

Si alguna vez hay una pregunta en su corazón sobre si se puede confiar de esta manera en la Palabra de Dios, recuerde el versículo que se citó al comienzo de este capítulo.

> Cuando ponía al mar su estatuto, para que las aguas no traspasasen su mandamiento; cuando establecía los fundamentos de la tierra, con él estaba yo ordenándolo todo, y era su delicia de día en día, teniendo solaz delante de él en todo tiempo.
>
> —Proverbios 8:29–30

Todo este proverbio se escribió acerca de la sabiduría. Era la sabiduría, en este versículo, lo que estaba de pie al lado del Señor cuando Él dio su mandamiento. La sabiduría fue el deleite del Señor. Cuando Dios realizó un decreto permanente para poner en marcha la naturaleza, la sabiduría estaba en Él. En otras palabras,

> **Cuando sostiene en sus manos el decreto del Rey, sin importar qué, no sólo construye su propia casa, sino que también derriba la firme casa de su enemigo el diablo.**

cuando Dios sólo lo hace guiado por su sabiduría. Eso significa que cualquier cosa que le diga la Palabra de Dios escrita, conllevará una sabiduría sólida que le salvará la vida.

Ahora bien, cualquier cosa que Dios haya dicho, a veces parece una locura para nuestro pensamiento. Puede parecer una locura creer que se curó de artritis aunque siga teniendo dolor. ¿Por qué va a creer que se sanó? Porque el Señor decretó que es así. Puede confiar en que la verdadera forma de la sabiduría es creer en lo que el Señor ha dicho.

¿Cuál es nuestra evidencia? El mar nunca pudo cruzar sus fronteras una vez que el Señor le dijo cuáles eran éstas. Si la sabiduría de Dios le dijo al océano qué hacer, entonces puede confiar en su sabiduría también para su necesidad. Puede hacer que siga su impulso. Pronuncie el decreto del Rey para que su vida siga en su curso con la sabiduría del Señor.

Cambie lo que se pone en movimiento

El impulso es una cosa poderosa. Como mencioné antes, uno de los autos viejos que solíamos tener se parecía a un tanque. Era un auto grande, de lujo, salvo que cuando lo tuvimos, había perdido su atractivo lujoso. Este auto tenía un motor V8 y realmente se movía una vez que se ponía en marcha. Vivimos en una región donde hay mucha nieve y hielo en el invierno, y se necesita un auto que sirva para ese tipo de clima. ¡Este auto no lo era!

El peso en combinación con el gran motor en el frente y una tremenda tracción lo convertía en un monstruo en el invierno. Si ha conducido en condiciones heladas, sabrá que lo más difícil de

> Cualquiera de las dos —la muerte o la vida— a la que nos sintamos inclinados a amar o hablar más sobre ella, es la que vamos a vivir.

todo es estacionar. En esa situación es dónde se producen la mayor parte de los accidentes. Las personas van demasiado rápido y no pueden frenar lo suficientemente rápido debido al hielo. Como resultado, usted ve a las personas ladearse en intersecciones o moverse en espiral dentro de una zanja. Pero este auto viejo nuestro lograba un impulso, incluso cuando no intentábamos tenerlo, ochenta kilómetros por hora parecían que iba a sólo cincuenta. Así que aprendí que cuando conducía, siempre necesitaba tiempo extra para bajar la velocidad y detenerlo, con o sin hielo.

Puesto que aprendimos en nuestras vidas cotidianas a tratar con nuestras circunstancias y problemas de una cierta manera, primero necesitamos «disminuir la velocidad» y aprender una nueva forma de «conducir en estas condiciones de hielo». Debemos aprender a manejar los problemas de acuerdo a la manera del Espíritu y no a la de la carne. Luego debemos darnos cuenta de que cuando se han puesto en marcha durante años cosas negativas, a veces lleva tiempo revertir el impulso que se ha creado.

No todo cambiará en un momento, después de una oración, un servicio de milagros o una profecía. Debemos aprender a disminuir la velocidad del impulso del mal y convertirlo en probidad. Este es un proceso que lleva tiempo, pero existe una clave bíblica poderosa: Debemos cambiar el impulso de lo que se ha puesto en movimiento. Desacelere el impulso y estará en posición de invertir el problema.

Proverbios 18:21 dice: «La muerte y la vida están en poder de la lengua, y el que la ama comerá de sus frutos». Puede que ya haya leído este versículo, pero refresquemos lo que dice. Significa que podemos poner en movimiento la muerte o la vida sobre la base de las cosas que decimos. Cualquiera de las dos —la muerte o la vida— a la que nos sintamos inclinados a amar o a hablar más sobre ella, es la que vamos a vivir. Si hablamos constantemente del fruto de la muerte, finalmente comeremos ese fruto. Ahora bien, eso no significa simplemente la muerte física. Significa derrota, frustraciones, temor, enojo y demás. Verbalizar continuamente nuestros problemas y las cosas que nos molestan sólo alimentará el problema. Por otro lado, verbalizar la *vida* nos hace comer el fruto de la vida.

Advierta que el versículo dice: «comerá de sus frutos». Al fruto le lleva tiempo crecer. Necesita todas las condiciones apropiadas, riego y nutrición para producir. El tiempo que se tome para nutrir con sus palabras dará el fruto que lentamente crece en su vida. Puede que no advierta que está sucediendo debido al proceso que requiere. Sus palabras están creando continuamente un impulso favorecedor.

Respecto de conducir nuestro auto viejo en el hielo, lo mejor es desacelerar su impulso descargando gasolina. El primer lugar para invertir el impulso de cualquier cosa que haya hecho pedazos su vida es renunciar a hablar demasiado de ello. ¡Evacue la gasolina! Comience a hablar sobre otra cosa; comience a hablar sobre la bondad de Dios. Comience a pronunciar palabras de gracia hacia la persona con la cual tiene una disputa. Empiece a hablar positivamente sobre su futuro. Ahora bien, eso no significa que se detendrá todo lo malo y que cambiará en un día, pero cambiar el impulso con una nueva elección de palabras comenzará a cambiar el fruto que ha estado en movimiento.

Algunas personas se molestan mucho con la idea de hablar en forma positiva y declarar las promesas de la Biblia, esperando que pasen. Piensan que es de necios hablar positivamente sobre algo. Dese cuenta que nadie está diciendo que usted puede ordenar que un automóvil azul se convierta en uno rojo, o cosas alocadas como esa. He escuchado a predicadores burlarse de mensajes sobre el poder de las palabras e insinuar que las personas enseñan de ese modo. No. No estoy diciendo eso.

Las Escrituras hablan firmemente sobre palabras y qué pueden impartir a nuestras vidas a lo largo de ellas. Si no cree que las palabras son poderosas, piense en una época en la que alguien que ama dijo algo que lo hirió. Las palabras son muy poderosas porque fueron las palabras lo que Dios usó para crear el mundo. Debemos asegurarnos de que nuestras palabras imiten lo que Dios diría sobre nosotros, nuestras familias y nuestras circunstancias.

> «Y la lengua es un fuego, un mundo de maldad. La lengua está puesta entre nuestros miembros, y contamina todo el cuerpo, e inflama la rueda de la creación, y ella misma es inflamada por el infierno.»
>
> —SANTIAGO 3:6

¡Este es un bocado de verdad controvertido! En realidad, debería tomarse el tiempo de leer todo el capítulo de Santiago 3 periódicamente. Siempre nos ayuda mantener bajo control las cosas que salen de nuestra boca, ya se traten de nosotros mismos, nuestra situación o de otra persona.

Dios toma en serio las palabras. Vea cómo este versículo dice que podemos poner en movimiento la naturaleza con palabras. Las palabras también pueden mover los eventos naturales. ¿No es lo que hizo Jesús cuando Él le habló a la tormenta en Marcos 4:39? Él le ordenó a la furiosa tormenta que se calmara. Bueno, usted puede mirar la tormenta y decir: «Le he hablado a esta tormenta, y parece cualquier cosa menos pacífica y tranquila». Por cierto, pueden existir aún tormentas furiosas que no obedecen cuando usted les menciona el decreto del Rey. Sin embargo, comience a hablarles bien, y finalmente el impulso negativo en movimiento comenzará a cambiar.

En Santiago 3:4, verá que la Biblia asemeja nuestra lengua al timón de un barco: «Mirad también las naves; aunque tan grandes, y llevadas de impetuosos vientos, son gobernadas con un muy pequeño timón por donde el que las gobierna quiere». Pero incluso cuando un timón mueve a un barco, no es un movimiento instantáneo. El impulso en movimiento primero debe disminuir su velocidad antes de que algo pueda cambiar de curso. Luego del proceso de desaceleración, el barco gradualmente cambia con la dirección del timón.

> Cuando usted toma la decisión sabia de siempre hablar bien y creer lo que dice el Señor, esté seguro de que su destino será bendecido.

Santiago 3:3 también asemeja nuestra lengua al freno en la boca de los caballos. Los caballos se moverán mucho más rápido cuando se jala del freno, de lo que un barco responderá a un timón. Y el caballo es un gran ejemplo, porque tiene su propia mente y quiere resistirse al freno que tiene en la boca. A veces no es que nuestras palabras no sean efectivas; es que somos resistidos por el enemigo. Sin embargo, en ambos casos, el freno y el timón son poderosos. Las palabras adecuadas pueden cambiar la naturaleza puesta en movimiento y vencer la resistencia demoníaca.

Entonces, ¿cómo funciona? ¿Qué se supone que hagamos? Efesios 5:19 dice: «Hablando entre vosotros con salmos, con himnos y cánticos espirituales, cantando y alabando al Señor en vuestros corazones». Nos hablamos a nosotros mismos. En realidad podemos profetizar la Palabra de Dios sobre nuestras propias vidas. Primero, tenemos que creer lo que el Señor ha dicho que es la palabra final. Luego debemos colocar en nuestra boca lo que Él ha dicho y pronunciarlo.

Cuando usted toma la decisión sabia de siempre hablar bien y creer lo que el Señor dice sobre usted, su familia o su situación, esté seguro de que su destino será bendecido. Tome el decreto del Rey sin importar qué ha sucedido en su vida, ¡y siempre se encontrará en su rumbo!

*«Mi comida es que haga la voluntad del
que me envió, y que acabe su obra.»*

[JUAN 4:34]

CAPÍTULO 9

LA UNCIÓN para TERMINAR

L A VIDA DE JESÚS FUE ABSOLUTAMENTE INCREÍBLE POR muchas razones obvias. Sin embargo, una de las más poderosas es que nuestro Señor completó todo lo que hizo. Nunca comenzó algo que no terminó. Todos sus milagros no hubieran tenido el mismo impacto si el Señor no hubiera finalizado su obra en el Calvario. Pero su obra en la cruz no se hubiera completado si no hubiera resucitado. Para impulsar más aún eso, su obra fue aún más completa a través del poder de Pentecostés y del nacimiento de la iglesia. Así continúa la obra completa de Cristo a través del milagro de la salvación y su presencia que cambia continuamente nuestras vidas.

A lo largo de todo este libro, hemos tratado en detalle los importantes principios necesarios para hacer nuevamente frente a cualquier dificultad que el diablo haya interpuesto en nuestro camino. Hemos expuesto cómo el enemigo se entromete en nuestro territorio e intenta levantar el tapete de debajo de nosotros como lo hizo con Adán y Eva. Podemos ver cómo la invasión del diablo por medio de experiencias negativas mantiene tantas mentalidades cautivas. La bendición es que el mismo Dios milagroso de la Biblia siempre tiene una manera hecha a medida para sacarnos del polvo y las cenizas del pasado, suponiendo que pongamos en práctica determinados principios.

Pero ponerse en marcha en el camino correcto, e incluso experimentar unos pocos milagros no significa que terminaremos con lo mejor de Dios para nosotros. Terminaremos con lo mejor de Dios porque terminaremos toda carrera espiritual establecida antes, y nunca nos daremos por vencidos. Jesús completó lo que comenzó porque nada lo hizo darse por vencido. Esto no es diferente para nosotros.

> Independientemente de cuál es su posición en la fe, siempre habrá oportunidades para darse por vencido.

Experimentaremos el destino perfecto de Dios para nuestras vidas porque no nos daremos por vencidos sobre las cosas que empezamos, sólo porque parece como si nada mejora ni siquiera un poco.

Por ejemplo, tal vez el diablo está haciendo pedazos su matrimonio. Este es un ejemplo importante porque muchas personas expresan la necesidad de ayuda en esa área. Puede que esté aplicando los principios de la Biblia y confiando en Dios para restaurar su relación. Sin embargo, a veces hay épocas en que debe continuar soportando hasta que ocurra un milagro. Nuestras mentes, vidas y hábitos necesitan tiempo para que la semilla de Dios germine, se arraigue y produzca frutos que permanezcan.

Durante esas épocas siempre enfrentará la decisión de renunciar a defender su avance o terminar lo que comenzó en fe y victoria. Independientemente de cuál es su posición en la fe —en el matrimonio u otro tema—, siempre habrá oportunidades para darse por vencido. En algunos momentos podemos vernos tentados a resignarnos en algunas áreas de la vida y no en otras. Por supuesto, para cada persona parecería que hay áreas que nunca cambiarán. Allí es donde se necesita su resolución y su fortaleza de ánimo.

La historia más increíble que conozco sobre una persona que no se dio por vencida cuando las circunstancias continuaban haciendo pedazos sus vidas es la de Polly Wigglesworth, esposa del famoso predicador Smith Wigglesworth. Estoy segura de que muchos ministros la han contado a lo largo de los años, porque el esposo de Polly fue famoso por su ministerio de milagros de sanidad y resucitación. Sin embargo, según recuerdo yo la historia, la parte más milagrosa fue la determinación de esta mujer de ver intervenir a Dios en la salvación de su esposo y de su matrimonio.

Cuando se casaron en 1882, Smith no era un cristiano practicante. En realidad, muy lejos de serlo, con frecuencia estaba ebrio y controlado por demonios. El valiente y gozoso cristianismo de Polly irritaba a su esposo, quien le respondía con exabruptos de enojo y violencia. Pero Polly confió en Hechos 16:31, en que todo su hogar —su esposo— se salvaría si ella sólo creyera. Abiertamente le dijo a su esposo que ella creía en su salvación, a lo que con frecuencia él respondía golpeándola si estaba borracho.

Una noche en particular él la amenazó para que no asista a la iglesia. Enojado le dijo: «Si vas a la iglesia esta noche, cuando regreses, la puerta estará cerrada con llave». Impávida, Polly fue a la iglesia. Cuando volvió, ¡la puerta estaba cerrada con llave! Golpeó, pero Smith no respondía, tal vez se encontrara desmayado en el piso. De todos modos, Polly se envolvió en las ropas que tenía puestas y se acuclilló contra la casa en la gélida noche hasta la mañana, confiando en que no se congelaría.

Por la mañana, cuando Smith se despertó y se dio cuenta de que Polly no estaba en la casa, fue hacia la puerta y la abrió. De inmediato Polly dio un salto, se puso de pie y dijo «Buenos días, Smith; ¿Estás listo para el desayuno?». Ese incidente quebró a Smith. De inmediato entregó su vida al Señor y se convirtió en uno de los ministros más poderosos del evangelio que caminara por la tierra.

Incluso si la historia ha cambiado o se ha tergiversado al relatarse en el transcurso de los años, usted puede ver qué resolución y fe tuvo Polly. Ni siquiera lo saludó con lágrimas en los ojos porque sus «sentimientos fueron terriblemente heridos». Todo el asunto es que, cuando la vida de Polly fue hecha pedazos, ella permaneció con las promesas de Dios y nunca se rindió, nunca dejó de creer, de confiar en Dios y de esperar un milagro, aunque hubo muchos días en que parecía que nada cambiaba.

Seguía entregando amor y perdón mezclados con expectativa

por lo milagroso. Y sabemos que esto es cierto: Puesto que no renunció, su esposo nació de nuevo.

¿Qué podría haber pasado si cuando Smith abrió la puerta esa mañana la hubiera visto gritando, llorando, diciendo «¡Basta ya! Ya no aguanto tu enojo y tu abuso. ¡Ya no tolero que me maltrates! ¡Me voy!». Es probable que Smith no hubiera cambiado de estilo de vida ni que fuera salvo.

Por qué Jesús no se dio por vencido

Este es uno de los principios más poderosos para aprender cuando está atravesando cualquier prueba o problema. No darse por vencido nunca fue lo que hizo que el ministerio de Jesús fuera tan poderoso. No cedió respecto de extender amor, fe, perdón y milagros, incluso cuando no siempre eran recibidos. Tenía todos los motivos para darse por vencido, y en un momento de su ministerio se sintió tentado a hacerlo.

Mencioné en un capítulo anterior que Jesús estaba bajo tanta presión en el Huerto de Getsemaní, que comenzó a sangrar por los poros mientras oraba. Yo he sentido cargas en mi vida, pero nunca sangró mi frente. ¡Ese es un estrés grave! La Biblia dice en Lucas 22:44 que Jesús estaba agonizando. A estas alturas Jesús quiso rendirse, porque comenzó a mencionárselo al Padre en oración, incluso diciendo: «Abba, Padre, todas las cosas son posibles para ti; aparta de mí esta copa...» (Marcos 14:36).

Entonces, ¿por qué Jesús no se dio por vencido bajo un peso tan tremendo? La mayoría de las personas querrían suponer automáticamente que fue porque Jesús era el Hijo de Dios y, como resultado de ello, tenía una mayor fortaleza de ánimo que el ser humano promedio. Pero esa *no* es la razón. Jesús fue tal como Adán lo fue en el huerto, y a Él se le dieron las mismas oportunidades de fallar. Yo creo que hubo tres cualidades principales que Jesús desarrolló en su vida aquí en la Tierra que hicieron que fuera alguien que completara las cosas en lugar de rendirse.

Él hizo que el hecho de terminar lo que había comenzado fuera una búsqueda que durara toda la vida.

Jesús lo dijo repetidas veces. En Juan 4:34, Él dijo: «Mi comida es que haga la voluntad del que me envió, y que acabe su obra».

Lo que Él quiso decir con esta palabra «*comida*» fue que esta búsqueda era el alimento de toda la vida que lo mantenía avanzando. Bien, si algo es su alimento, significa que usted lo come todos los días.

Jesús «comió» a diario de la revelación de que no sólo Él tenía una tarea por hacer —la voluntad de Dios— sino que también esta tarea era algo que siempre requería que la terminara. Además aclaró la voluntad de Dios para sí mismo en Juan 6:39, cuando dijo: «Que de todo lo que me diere, no pierda yo nada, sino que lo resucite en el día postrero». Jesús estaba resuelto a no perder nada de lo que Dios le había dado.

La manera en que usted se convierte en una persona que termina lo que comenzó es por medio de la decisión de que, tal como lo hizo Jesús, usted no perderá nada de lo que Dios le ha dado en sus promesas. Usted toma la decisión diaria de levantarse y ponerse a trabajar de nuevo, sin importar qué hizo el día anterior. Usted decide que será una persona que termina lo que comienza.

Él siempre creyó en el poder de Dios.

Jesús no temió decir que Él estaba ungido por el Espíritu Santo. Él creía que la presencia de Dios estaba sobre sí en todo momento.

Lucas 4:18 dice: «El Espíritu del Señor está sobre mí, por cuanto me ha ungido… ». Entonces Jesús simplemente realizó sus actividades diarias de acuerdo con ese conocimiento.

Piense cuántas veces nos preguntamos si Dios está sobre nosotros o con nosotros.

Cuando las cosas no suceden como queremos, solemos pensar que estamos enfrentando la vida solos. Nos olvidamos que hemos sido investidos con el poder y la presencia de Dios. Jesús esperó tanto que el poder de Dios lo siguiera, que actuó en lo milagroso casi sin pensarlo. Se necesita práctica para obtener ese tipo de fe. Pero sin ella terminamos rindiéndonos respecto de cosas porque tememos el fracaso.

Desarrollamos este tipo de fe sobrenatural hablando sobre ella como lo hizo Jesús. La próxima vez que se sienta derrotado y quiera abandonar la lucha por su milagro o su liberación, imagine qué sucedería si cada día dijera: «El Espíritu del Señor está sobre mí porque Él me ha ungido. Él bendijo mis pasos y me otorgará un avance en esta situación. ¡El poder de Dios está obrando en mí ahora mismo!». Diga eso en lugar de cosas como: «No sé cuánto más pueda aguantar». ¿Cree que pueda suceder? Usted comenzará a creer en sus palabras. Piense sobre ello: ¿Qué pasaría si, como Jesús, siempre creyéramos en el poder de Dios, sin importar qué?

Él mantuvo sus ojos puestos en el futuro.

Creo que para poder atravesar el gran trauma de la cruz, Jesús debió mirar más allá de su dolor presente. Piense en algún momento en que fue al consultorio del médico para que le dieran una inyección o que le realizaran algún procedimiento menor y el médico o la enfermera le dijeron: «Esto le puede doler un poco».

Cuando eso sucede, o mira para el otro lado o bien obliga a su mente a focalizarse en otra cosa que no sea el dolor que está sintiendo en ese momento. Tiene que obligarse a ver más allá del dolor actual para poder atravesarlo. Una de las mejores maneras de vencer una prueba presente es dejar de pensar mucho en ella. Deje de llamar por teléfono a las personas para compartir su dolorosa historia o frustración personal una y otra vez. Jesús debió hacerlo a fin de atravesar la crucifixión. Hebreos 12:2 dice que Jesús soportó la cruz porque mantuvo sus ojos puestos en el gozo que le esperaba en el otro lado. Puedo imaginarme al Señor diciéndose a sí mismo: «Simplemente esperen, en unos días habrá un gozo inefable. El sólo hecho de pensar en ello me hace sentir muy feliz».

Jesús no podía pasar horas preocupándose por cómo se iba a sentir cuando le atravesaran las muñecas con clavos. No podía permitirse concentrarse en qué iba a ocasionarle el peso de todo ese pecado. Él sabía que iba a atravesarlo, que debía colocar su atención en el otro lado de la cruz. Las personas que no pueden ver más allá de sus heridas, frustraciones, irritaciones o dolores no serán personas que terminen con un milagro. En cambio se rendirán ante Dios, ante sí mismos y los demás.

Consumado es

Ahora bien, como lo mencioné anteriormente, puede que no disfrute del día de compras y del proceso que implica limpiar el refrigerador. El proceso de limpiar, comprar comida y reaprovisionar las alacenas y el congelador son todas tareas. Sin embargo, cuando llega el día de compras en mi casa, siempre siento un entusiasmo por cocinar una buena comida familiar.

Unos pocos días antes del día de compras, nos encontramos comprando pizza, deteniéndonos en algún restaurante en el que se pide la comida desde el automóvil y comiendo fideos con queso que vienen en cajas. Sin embargo me sucede lo increíble luego de que se guarda toda la comida y hay cosas para cocinar en nuestra casa. Me siento inspirada.

Aunque me sienta un poco cansada por los eventos del día, en esas noches me siento un poco más resuelta a servir una cena que no sea en platos desechables. Quiero hacerlo un poco más especial y encender algunas velas. Luego quiero darle un toque especial a la cena. Por ejemplo esos condimentos para la ensalada que compró, una mesa bien puesta o un postre divertido para los niños. De repente, nos transformamos de comer desechos a cenar una comida para un rey. Todos en la familia siempre se sienten un poquito diferentes y más cerca unos de los otros en esos días particulares.

Hay algo que le da energía cuando termina algo como eso, sin importar si es grande o pequeño. Usted comienza a sentirse bien consigo mismo porque limpió el garaje, finalmente podó los arbustos del jardín, organizó su oficina, u ordenó ese ropero al que temía abrir la puerta. Y con la finalización llega nueva inspiración.

Terminar le da confianza y hace que se sienta bien consigo mismo. Después de un día de intenso trabajo en el jardín, agotado y sucio, se siente bien al decir: «¡Consumado es!».

Tener una lista larga de cosas que nunca completará en la vida lo desalentará y le dará un panorama negativo. Por cierto, a veces es más fácil dejar de trabajar en el jardín que soportar el calor y continuar. Pero al terminar el día, siempre sentirá que está vencido si abandona la tarea.

Las personas que todo el tiempo abandonan las cosas, ya sean naturales o espirituales, van por la vida con un sentido de fracaso. Para algunas personas es su carrera o su empleo. No parecen encontrar un rumbo y permanecer allí.

En el instante en que las cosas van mal o se aburren, se vuelcan a buscar un trabajo nuevo o dar inicio a otro emprendimiento comercial.

Esto no significa que algunas cosas de la vida no merezcan ser abandonadas, especialmente si usted se da cuenta de que su rumbo lo ha llevado lejos de la voluntad de Dios y de los principios divinos. Sin embargo, es como el hábito de renunciar y cambiar de rumbo constantemente lo que lo llevará a ningún lado. Para algunas personas, la inconsistencia es respecto de su vida de oración, así que luchan por mantenerse en comunión con Dios. Para otros es tan sencillo como mantener un hogar limpio y ordenado. Y otros luchan por mantener hábitos laborales estables o, más que nada, aprender a superar las pruebas de la vida aferrándose a Dios con madurez y estabilidad. La capacidad de ver las diversas cosas que lo rodean y decir con confianza: «Consumado es», sostendrá su vida, sin importar cuál ha sido la experiencia del pasado. Esto es lo que dijo valientemente Jesús mientras colgaba de la cruz.

> «Cuando Jesús hubo tomado el vinagre, dijo: *Consumado es.* Y habiendo inclinado la cabeza, entregó el espíritu.»
> —JUAN 19:30, ÉNFASIS AGREGADO

Jesús ni siquiera se permitió morir hasta que estuvo seguro de que había logrado todo lo que fue enviado a hacer. Sin embargo advierta que Él primero bebió un poco de vinagre. Creo que fue un ejemplo profético de que usted puede completar la voluntad de Dios para su vida incluso cuando el diablo le haya servido algo de vinagre.

No puedo evitar creer que mientras Jesús estaba colgado allí, aunque preparado para morir, Él debe haber tenido el mismo sentido de logro que tenemos nosotros cuando completamos una tarea y hacemos un buen trabajo. Ese sentimiento lo satisface como ninguna otra cosa. Sí, tal vez atravesó una situación desafiante, pero saber que se aferró a las promesas de Dios con todo su poder y fuerza hasta que recibió su avance. . .

Nada puede compararse con ese sentimiento. Es el sentimiento de ser alguien que puede superar las cosas. Se siente como un día en

> Saber que usted se aferró a las promesas de Dios con todo su poder y fuerza hasta que recibió su avance... nada puede compararse con ese sentimiento.

que uno recibe un diploma, y, aunque sabemos que Dios recompensa nuestra diligencia, hay algo que ocurre cuando usted siente esa sensación de recompensa en lo profundo de sí. Esta vez no se escapó de su adicción, la enfrentó y la venció. Esta vez no abandonó la universidad, obtuvo su diploma y encontró un trabajo estable y duradero.

Esta vez no se escapó de su casa, amenazando a su cónyuge con el divorcio, sino que se quedó, y con amor controló su enojo. Ah, sí, esta vez adoptó una postura feroz sobre la promesa de Dios para su sanidad, y ahora está viviendo completamente bien. No, no revirtió a otro ataque de depresión cuando las cosas no salieron como usted pensaba. En cambio, siguió regocijándose en el Señor cuando no sentía ganas de hacerlo. Tal vez continuó luchando con sus habilidades parentales aun cuándo parecía que era demasiado tarde y sus hijos estaban fuera de control. Esta vez logró algo; esta vez construyó algo para Dios; esta vez no alzó los brazos con desesperación. Esta vez lo hizo, después de muchos intentos, pero sucede algo sobrenatural cuando terminamos lo que empezamos. ¡Amén a ello!

La unción de terminar

Mientras que terminar las cosas requiere determinación, también necesitamos que Dios nos unja sobrenaturalmente para la tarea. La auto-determinación no basta para ganar una guerra espiritual. Debemos ir más allá de nuestra capacidad, especialmente cuando se trata de nuestra carrera cristiana y de nuestro crecimiento personal espiritual. Junto con nuestro compromiso, como mencioné anteriormente, necesitamos el poder de Dios para que nos ayude. Por eso Jesús terminaba las cosas. ¿Recuerda? Él creía en el poder de Dios para que lo ayudara.

Como creyente, usted tiene la unción al igual que la tuvo Jesús para terminar la tarea. Hay una manera sencilla para hacer que la obra de unción en nuestra vida cotidiana funcione sin importar lo que necesite tratar o superar.

> Mientras que terminar las cosas requiere determinación, también necesitamos que Dios nos unja sobrenaturalmente para la tarea.

En primer lugar, Hebreos 12:1–4 tiene llaves de oro para andar en una unción de terminar. Lea estos versículos con cautela, y luego asegúrese de leerlos una y otra vez en su propia Biblia. No lea ligeramente ni pase por alto ni una palabra del pasaje porque le demostrará cómo ingresar en la unción para terminar. Estudie cada palabra, medite sobre ellas y guárdelas en la frente de su pensamiento. Aquí quiero mostrarle estos versos que nos enseñan literalmente lo que quieren decir en un breve párrafo. Me gusta pensar en este pasaje de las Escrituras como vitaminas para la longevidad. Usted siente que la vida ingresa a su corazón y alma mientras lee estos versículos.

> Por tanto, nosotros también, teniendo en derredor nuestro tan grande nube de testigos [quien ha nacido al testimonio de la Verdad], despojémonos de todo peso [peso innecesario] y del pecado que nos asedia [con tanta destreza e inteligencia], y corramos con paciencia la carrera que tenemos por delante, puestos los ojos [desde todo lo que nos distraerá] en Jesús, el autor y consumador de la fe [dando el primer incentivo para nuestra creencia], el cual por el gozo [de obtener el premio] puesto delante de él sufrió la cruz [llevándolo a la madurez y la perfección], menospreciando el oprobio, y se sentó a la diestra del trono de Dios.
>
> Considerad a aquel que sufrió tal contradicción de pecadores contra sí mismo [calcule y considere todo en comparación con sus pruebas], para que vuestro ánimo no se canse hasta desmayar. Porque aún no habéis resistido hasta la [propia] sangre, combatiendo contra el pecado» (énfasis agregado).

¡Vaya! No podría haberlo dicho mejor. En pocas palabras este pasaje nos da una vitamina espiritual empacada con poder. Hay ciertas claves ocultas aquí que lo catapultarán a la unción de terminar si ejerce fe por ellas. Me gusta pensar en ellas como el programa de doce pasos de Dios para la total libertad del espíritu de fracaso. Cada uno de ellos está empacado con la vida de Dios, y al aplicarlos usted se encontrará de pie en poder tal como lo hizo Jesús.

1. *Sepa que los demás han logrado lo que usted está tratando.* Usted no está solo, así que no permita que el diablo lo aísle para que lo piense.

2. *Despréndase de las distracciones.* Elimine las cosas que le siguen tomando todo su tiempo y su atención y lo alejan de sus metas.

3. *Sepárese del pecado.* Cambie a dónde va, qué mira, qué dice y hace. Construya hábitos y patrones nuevos todos los días.

4. *¡Corra su carrera, no camine!* Entusiásmese con terminar una obra para Dios. No sea aletargado sobre las cosas del Espíritu.

5. *Mantenga puestos los ojos en Jesús y en su poder.* Jesús es todo poder, y su presencia descansa sobre su vida para lograr grandes cosas.

6. *Sienta el gozo.* Esto significa adorar a Dios y regocijarse a diario en el Señor.

7. *No se dé por vencido, pero soporte cuando sea puesto a prueba.* Siga levantándose una y otra vez, aún cuando cometa los mismos errores.

8. *Ignore el dolor y la vergüenza del pasado.* Concéntrese en el futuro y deje de revivir el pasado.

9. *Recuerde que está sentado con Cristo a la diestra de Dios (Efesios 2:6).* Dios lo ha vuelto parte de la realeza en Cristo. Confíe en quién es usted en Él. ¡Usted es especial!

10. *Compare qué soportó Jesús con su propia prueba.* Cuando mire en serio aquello que debió enfrentar Jesús, su situación probablemente no será tan intolerable.

11. *Deje que el ejemplo de Jesús lo aliente para no darse por vencido.* Mientras mira la vida de Cristo, deje que todo lo que Él hizo y quién fue penetre en su mente y su corazón.

12. *Dese cuenta que no tiene que luchar contra el impulso de darse por vencido hasta que haya sangrado.* No

permita que el enemigo magnifique su problema y
sienta lástima por usted mismo.

Estas doce claves lo mantendrán renovado, y al pensar en ellas
sentirá el poder de Dios operando en usted. Luego al dedicarle
tiempo a Dios, orando y leyendo la Biblia, el Señor incrementará
su fuerza y su poder sobre usted. De repente algunas cosas comenzarán a suceder en su vida, y usted se levantará del fracaso al
poder porque más grande es Él que está en usted que el enemigo
que está en el mundo (1 Juan 4:4).

Terminado en poder y recompensado con el bien

A estas alturas, puede que se dé cuenta que no importa qué esté
intentado hacer el diablo para destruir su propósito o para alejarlo
de la victoria. Realmente no importa que mentira ha gritado en
sus oídos sobre usted mismo, su familia o sus circunstancias. Sin
lugar a dudas usted se da cuenta de que Dios está reuniendo fuerzas para su avance y que ha provisto una manera para que usted
esté en la cima. Para agregar aún más algo bueno, creo que lo que
correspondería sería volver y observar a nuestros queridos amigos
en Esdras y Nehemías, quienes nos han acompañado a lo largo de
este libro.

Hemos visto cómo estas personas de Dios se liberaron del fracaso de Babilonia. Sí, soportaron muchas cosas, pero lo mejor de

> Imagine el día en que su problema presente
> sólo sea un recuerdo desvanecido. Véase
> a sí mismo en la bendición de Dios.

todo fue que terminaron con poder. Mire Esdras 6:14, que dice: «Y
los ancianos de los judíos edificaban y prosperaban… Edificaron,
pues, y terminaron, por orden del Dios de Israel…». Me gusta la
manera en que el versículo 15 dice: «Esta casa fue terminada… ».

Hay un día por venir para usted, amigo mío, cuando verá qué ha construido el Espíritu Santo para usted y dirá: «¡Vaya, lo logramos, Dios». Tú y yo, vencimos, y mira cuán lejos hemos llegado!». Aférrese a esa visión y véase como alguien que termina las cosas. Imagine el día en que su problema presente sólo sea un recuerdo desvanecido. Véase a sí mismo en la bendición de Dios. Vea la bondad de Dios en toda su vida hasta que no pueda imaginarse otra cosa.

Nuestro querido amigo Nehemías también terminó su proyecto del muro de Jerusalén. Finalmente los feos escombros de la invasión de Nabucodonosor no se podían hallar en ningún lado. La impresión que Babilonia había dejado en las mentes de las personas habían sido reemplazadas por estructuras nuevas que reflejaban y señalaban el poder y la gloria del Señor. Nehemías 6:15 dice: «Fue *terminado*, pues, el muro...» (énfasis agregado). Es casi como decir: «Toma eso, diablo, justo entre tus ojos, porque la obra de Dios está completa!».

Como resultado de ello Nehemías solicitó con confianza algo al Señor (Nehemías 5:19) que era muy especial e íntimo, que repitió nuevamente al final del libro. Dijo: «Acuérdate de mí, Dios mío, para bien» (Nehemías 13:31). Debido a su esfuerzo resuelto y a su fe, Nehemías le pidió al Señor una recompensa. Espere que Dios lo recompense por levantarse de las cosas que han invadido su vida.

No sea tímido; Dios quiere hacerlo. Él no está buscando castigarlo por los errores del pasado. Dios quiere presionar para que termine, porque hay un premio del bien al final de cada circunstancia de prueba (Filipenses 3:14). Dios le está diciendo a usted hoy día: «Vamos, tú puedes hacer esto. Yo soy todo lo que necesitas para impulsarte a la victoria. Adelante; ¡levántate y ven conmigo! ¡Tengo una bendición personal del otro lado para mostrarte, y es muy buena!».

No importa de dónde venga o qué haya superado, Dios está esperando para sacarlo de cada Babilonia personal y ubicarlo en un nuevo camino que Él ha decretado. La mano de Dios está sobre usted mientras se levanta para terminar sus días con poder y propósito desde un momento *en que su vida ha sido hecha pedazos.*

Quizá después de haber leído este libro se dé cuenta de que nunca conoció a Jesús de manera personal, y que quiere una relación íntima con Él. No importa cuánto de su vida ha sido hecha pedazos, quiero alentarlo a comenzar una nueva vida ahora mismo, de conocerlo como su Señor y Salvador personal (y propio).

Ahora es el momento de liberarse de ese cautiverio de Babilonia. Oro porque pase tiempo de calidad con Él todos los días. Vaya y pídale que llene su corazón con su presencia y que lo atraiga con mayor profundidad a una relación más significativa con Él. Véase caminando en la bendición de Dios. ¡Su nueva vida de cambio radical y victoria está aquí!

Quiero invitarlo personalmente a orar esta oración y a recibir la promesa de vida eterna con Él por siempre.

Amado Padre celestial, dedico a partir de este momento mi vida en adelante a andar en tu victoria y libertad. Te seguiré como aquellos de los que he leído y te pediré que me bendigas a mí y a mi vida en las maneras en que los has bendecido. En mi corazón, verdaderamente creo que tu Hijo, Jesucristo, murió en la cruz por mí y resucitó de entre los muertos para que pueda vivir contigo en el cielo. Tú dijiste que quien quiera que clame en el nombre de Jesús se salvará de sus pecados. Te pido, Jesús, que ingreses a mi corazón y a mi vida. Te pido que me perdones por todos mis pecados. Me arrepiento por mis maldades, y me comprometo a vivir una vida que te complazca. Lléname con tu Espíritu Santo y acércame a ti. A partir de este momento, digo que soy cristiano, un verdadero amante y seguidor de Jesucristo. Deseo conocerte más que nunca, y hoy elijo liberarme del cautiverio de Babilonia y terminar en tu poder. En el nombre de Jesús, amén, amén.

Si su vida ha sido destruida, recuerde que vendrá el momento en que usted declarará: «Sí, ¡lo hicimos, Dios! ¡Esta casa está terminada!». Y, amigo, ¡que hoy sea ese día!